HEYNE

Felix Anschütz • Nico Degenkolb
Krischan Dietmaier • Thomas Neumann

Das Beste von belauscht.de

WILHELM HEYNE VERLAG
MÜNCHEN

Der Inhalt der einzelnen belauschten Szenen spiegelt nicht die Meinung der Autoren oder des Verlags wider. Um die Anonymität der belauschten Personen zu gewährleisten, wurden alle Namen geändert.

Verlagsgruppe Random House
FSC-DEU-0100
Das für dieses Buch verwendete
FSC®-zertifizierte Papier *Holmen Book Cream*
liefert *Holmen Paper*, Hallstavik, Schweden.

Originalausgabe 11/2012

Copyright © 2012 by Wilhelm Heyne Verlag, München,
in der Verlagsgruppe Random House GmbH
Printed in Germany 2012
Umschlaggestaltung: Eisele Grafik-Design, München
Illustrationen: Lucia Götz
Satz: Der Buchmacher, Arthur Lenner, München
Druck und Bindung: GGP Media GmbH, Pößneck
ISBN: 978-3-453-60260-1

www.heyne.de

Inhaltsverzeichnis

Vorwort 7

Die Schlagfertigen –
„Bewaffnet euch mit Schwert und Forke,
wir besetzen Kasse 3!" 12

Die Ehrlichen –
„… und kein Sex mit Nazis." 48

Die Kleinen –
„Meerschweinchen, lebst du noch?" 78

Die Versprecher –
„Was heißt denn Shoppen auf Englisch?" 108

Die Lautsprecher –
„Manager erledigt!" 134

Die Checker –
„… die is' voll der krasse Endgegner!" 156

Die Wirren –
„Daraus hätte man 'nen Igel basteln können!" 176

Die Traumprinzen –
„Ist 99,58 % nicht treu genug?" 196

Die Dummen –
„Wärst du Napoleon,
du hättest nie Amerika entdeckt!" 220

Die Alten –
„Sie wollen mich wohl zu Germany's next Hitler machen, was?" 246

Die Belauscher 266

Wo belauscht? 268

VORWORT

Aller guten Dinge sind drei!

Sie halten gerade das dritte Exemplar einer kleinen Reihe in den Händen, die ihren Anfang vor sechs Jahren in einer Augsburger Studenten-WG nahm. Im Sommer 2006 fingen wir damit an, lustige und originelle Geschichten und Dialoge, die wir und unsere Freunde in den unterschiedlichsten Situationen aufgeschnappt hatten, zu sammeln und auf einer Website zu veröffentlichen. Wir nannten diese Website *belauscht.de*.

Die Seite erfreute sich rasch immer größerer Beliebtheit, bald beteiligten sich Tausende aus Deutschland, Österreich und der Schweiz an dem Projekt und schickten uns ihre persönlichen „Belauschnisse" zu. Seitdem reißt der Lauschstrom nicht mehr ab und neben der Website entstanden zwei Bücher und zwei Hörbücher voller kleiner, witziger Alltagsdialoge: *Entschuldigung, sind Sie die Wurst?* und *Nee, wir haben nur freilaufende Eier!*

Sechs Jahre nach der Gründung der Seite staunen wir manchmal immer noch darüber, wie lange sich *belauscht.de* in der schnelllebigen Internetwelt nun schon gehalten hat. Anfangs waren wir nämlich durchaus skeptisch und erwarteten, dass irgendwann, nach ein oder zwei Jahren, sich alles wiederholen und der Reiz des Belauschens langsam abnehmen würde. Glücklicherweise war dem nicht so. Wir werden auch heute immer wieder aufs Neue von der Vielfältigkeit und immer neuen Komik unserer Zusendungen überrascht. Die Wirklichkeit ist Gott sei Dank doch viel origineller, als wir uns sie vorstellen konnten.

Was macht den Reiz von Belauschnissen aus?

Doch warum konnte unsere kleine Idee überhaupt so große Kreise ziehen? Eine Frage, die wir recht schnell beantworten können – weil die Alltagsdialoge nicht nur unglaublich kurzweilig, originell und witzig sind, sondern vor allem eines: authentisch. Im Gegensatz zum Witz oder zur klassischen Comedy-Pointe ist das, was Sie hier in den Händen halten, niedergeschriebene Wirklichkeit – so passiert, irgendwo in Deutschland.

Zugegeben: Die kleinen Geschichten klingen manchmal fast zu verrückt, um wahr zu sein. Doch wir können Sie beruhigen. Wir haben nach einem halben Jahrzehnt und Zehntausenden von Belauschnissen ein gutes Gespür dafür entwickelt, was echt und was kopiert ist. Und manchmal verhält es sich sogar umgekehrt und das Witz-Ei wird zum Belauscht-Huhn, wie folgende Geschichte zeigt.

Im Sommer 2010 bekamen wir folgendes Belauschnis zugeschickt und veröffentlichten es auf unserer Seite:

im namen des hüft-, des taillen- und des brustumfangs

— Berlin. In einem Büro am Gendarmenmarkt.

In der Personalabteilung. Eine halbwegs attraktive Mitarbeiterin (Mitte 20) füllt einen Personaldatenbogen aus, in dem auch die Konfession abgefragt wird. Dort trägt sie die Zahl 34 ein. Der danebensitzende Personalchef schaut die Mitarbeiterin verblüfft an und fragt leicht ironisch:

„Ihre Konfession ist 34?"

Die Mitarbeiterin guckt zerknirscht zurück und sagt:

„Na gut, 36."

Ein halbes Jahr später erhielten wir eine E-Mail vom Einsender des Dialogs, der uns darauf aufmerksam machte, dass er eben diese Geschichte wortwörtlich auf der Witzeseite eines großen deutschen Herrenmagazins wiedergefunden habe. Da er selbst oben beschriebener Personalchef war, fühlte er sich nun als bloße „Witzfigur" verunglimpft. Wie es der Zufall wollte, war er auch ein auf Urheberrecht spezialisierter Anwalt und bot uns im gleichen Atemzug an, gegen das Magazin juristisch vorzugehen, um sozusagen die Echtheit des vermeintlichen Witzes einzuklagen. Wir lehnten dankend ab, waren aber dennoch über die Geschichte erfreut – bestätigte sie doch wunderbar einige unserer lang gehegten Annahmen:

Erstens: Beim Witz hört der Spaß schnell auf. Ein Anwalt, der sich als Witzfigur verunglimpft sieht, zum Beispiel.

Oder die hartnäckigen und immer wieder geäußerten Vorwürfe, dieses oder jenes Belauschnis sei erfunden, habe einen Bart oder könne gar nicht wahr sein, da es ja schon in der Witzesammlung von Großvater abgedruckt sei.

Zweitens: Das Leben schreibt eben doch die besten Geschichten und vieles, was als alter Witz verschrien ist, hat sich wohl irgendwo und irgendwann genau so zugetragen. Sehr wahrscheinlich wiederholen sich einige Situationen auch immer wieder in ganz ähnlichen Varianten, wie zum Beispiel bei den sogenannten „Urban Myths", die überall in Deutschland kursieren und uns in regelmäßigen Abständen als „echte" Belauschnisse zugetragen werden.

Drittens: Wirkung und Charme einer Geschichte hängen stark davon ab, ob diese wirklich passiert ist und man sie sich genau vorstellen kann.

Überzeugen Sie sich am besten selbst – knapp 600 unserer besten Belauschnisse warten auf Sie in diesem Buch. Vielleicht werden Sie ja auch zu einem leidenschaftlichen Lauscher und bekommen Ihr Erlebnis irgendwann von Ihren Enkeln als Witz mit langem Bart erzählt. Der erste Schritt hierzu: ein Klick auf *www.belauscht.de*.

Felix, Krischan, Nico und Thomas

auf in die schlacht

— Lengerich. In einem Drogeriemarkt.

Es ist nur eine einzige Kasse geöffnet. An dieser hat sich eine sehr lange Schlange gebildet.

Kassiererin (über Lautsprecher): „Bitte besetzen Sie Kasse 3!"
Junger Mann aus der Schlange: „Auf, auf, meine Brüder und Schwestern! Bewaffnet euch mit Schwert und Forke, wir besetzen Kasse 3!"

DIE SCHLAGFERTIGEN – „BEWAFFNET EUCH MIT SCHWERT UND FORKE, WIR BESETZEN KASSE 3!"

Im Fußball wie im richtigen Leben gilt: Ein schneller, gut platzierter Konter lässt alle Abwehrmauern fallen. Die Zuschauer haben in beiden Fällen ihre wahre Freude oder leiden mit demjenigen mit, der da einen eingeschenkt bekommen hat. Ein Großteil der aufgeschnappten Belauschnisse handelt von ihnen, den Schlagfertigen und Gewitzten, denen, die sich auch in Rückstand liegend nicht aus der Ruhe bringen lassen und blitzschnell von verbaler Abwehr auf Angriff umschalten. Ihnen, den Wortkickern des Alltags, jenen, die sich unerwartet zum Jürgen Klopp des Supermarktes aufschwingen und ihr Gegenüber aussehen lassen wie Lothar Matthäus im literarischen Quartett, sind die nächsten Seiten gewidmet. Anpfiff für die Spielmacher von *belauscht.de*!

praktikant mit dem sechsten sinn

– *Gütersloh. In einem Krankenhaus.*

Ein junger Krankenpflegepraktikant betritt gemeinsam mit einer Pflegekraft am frühen Morgen das Krankenzimmer. Er soll den Puls des Patienten messen.

Praktikant: „So, dann wollen wir mal schauen, was der Puls sagt."
Patient: „Ja, gucken Se mal zu, ob sen finden."
Praktikant (nach zwei Minuten erfolgloser Suche): „Es tut mir leid, aber Sie sind tot."

nehmen sie mein geld oder ich schieße!

– *Hamburg-Horn. Filiale der Hamburger Sparkasse.*

Ein Mann vor mir am Einzahlschalter.

Mann: „Ich müsste Geld auf das Konto von XY überweisen."
Sparkassenfrau: „Das kostet per Direktüberweisung 5 Euro."
Mann: „Das geht nicht. Das Geld, was ich dabeihabe, ist alles für die Überweisung. Mehr habe ich einfach nicht und es ist einfach superwichtig!"
Sparkassenfrau: „Dann kann ich nichts für Sie tun."
Mann: „Ich schwöre, wenn ich eine Pistole dabeihätte, würde ich die jetzt ziehen."
Sparkassenfrau: „Wie viel wollen Sie überweisen?"

sächseln kann tödlich sein?

— *Freiburg im Breisgau. Hauptbahnhof Gleis 2.*

Ein Typ steht außerhalb des Raucherbereichs und qualmt. Eine ältere Dame kommt vorbei und mokiert sich entrüstet:

„Hier wird nüscht geroocht!!!"

Der Typ (wie aus der Pistole geschossen):

„Hier wird auch nicht gesächselt."

facebook 2.0?!?

— *Reutlingen. Wilhelmstraße.*

In einem Kleidungsgeschäft stehen zwei junge Frauen vor mir an der Kasse. Die Verkäuferin ist am Kassieren und meint zu einer der jungen Frauen:

„Oh ich sehe gerade, Sie bekommen 10 Euro Rabatt auf diese Jacken!"

Darauf die junge Frau:

„Wirklich? Boah echt, wenn du 'nen Facebook-Button hättest, würde ich auf ‚Gefällt mir' klicken!"

gut kombiniert, aber falsch geschlussfolgert

— *Vancouver (Kanada).*

An der Tür einer Markthalle steht auf einem Schild auf Englisch: „Hunde mitbringen verboten, Ausnahme Blindenhunde". Der Vater übersetzt es seinem Sohn. Darauf sagt dieser:

„So ein Blödsinn, der Blinde sieht es nicht und der Hund kann es nicht lesen!"

komische nummer

— *Hamburg-Altona. Vor dem Mercado.*

Ich sitze mit meiner Freundin im Café. In der Fußgängerzone versucht ein junger Mann, Passanten ein Zeitschriftenabo anzudrehen, gerade einer jungen Frau (ca. 19).

Typ: „Ich bräuchte dann noch Ihre Kontonummer."
Frau: „Okay, dann schreiben Sie ma' auf:
eins…zwei…drei…vier *(der Mann guckt schon verwirrt)* …fünf…sechs…sieben…acht…neun…zehn."
Typ: „Woll'n Sie mich hier verarschen oder was?!"
Frau: „Wollen Sie gerade meine Kontonummer?"
Typ: „Ja!"
Frau: „Gut, dann wollte ich Sie auch verarschen."

Sie geht und lässt den irritierten Mann stehen.

andere fächer, andere sitten

— Siegen. An einer Bushaltestelle.

Ein Student und eine Studentin unterhalten sich über die anstehende Bachelorarbeit. Er erzählt, dass er sich noch einen betreuenden Dozenten suchen müsse.

Studentin: „Ja, und ziehst du dir dann irgendwas Schickes an, wenn du dir den Dozenten suchst?"
Student: „Ach Quatsch! Ich studiere Soziale Arbeit, der kann froh sein, wenn ich 'ne Hose anhab!"

saure wickel

— Augsburg. In einem Rewe.

Ein junger Mann mit Frischhaltefolie und Zitronensaft in der Hand spricht eine Verkäuferin an.

Kunde: „Wie gut eignet sich denn diese Folie, um jemanden darin einzuwickeln?"
Verkäuferin: „Äh, für was?"
Kunde: „Jemanden einwickeln, für Folienbondage."
Verkäuferin (irritiert): „Äh, das weiß ich nicht, hat noch niemand bisher gefragt, aber für was brauchen Sie denn dann den Zitronensaft?"
Kunde: „Für Cocktails natürlich, ich bin doch nicht pervers!"

bei so was verstehen die bei schlecker grad keinen spaß

— *Berlin. In einem Drogeriemarkt.*

Eine junge Frau steht an der Kasse eines Berliner Drogeriemarktes und möchte bereits gekaufte Trauerkarten zurückgeben.

Verkäuferin: „Is derjenige wieder ufferstanden oder watt?"

zu hause spielt er dann mit seinen großen puppen

— *München. In einer Nebenstraße.*

Während eine Mutter mit ihrem ca. fünfjährigen Sohn die Straße entlangläuft, parkt ein Stück vor ihnen ein Mann seinen Kleinwagen ein. Der ca. 1,90 große Mann steigt aus und stellt fest, dass er zu dicht an dem hinter ihm stehenden Auto geparkt hat. Um den Motor nicht für wenige Zentimeter noch einmal anlassen zu müssen, öffnet er die Fahrertür wieder, stellt seinen rechten Fuß auf das Kupplungspedal, lehnt sich gegen den Rahmen des Wagens und beginnt mit dem linken Fuß sein Auto anzuschieben. Im selben Moment laufen die Mutter und ihr Sohn vorüber, der Sohn beäugt das Schauspiel sehr verwundert.

Junge: „Mama, was macht der Mann denn da?"
Mann (trocken): „Siehst du das nicht? Ich spiele mit meinem großen, roten 800-Kilo-Tretroller."

also moses würde das anders sehen

— *Berlin.*

An einem Sonntagmorgen. Die Zeugen Jehovas schauen vorbei, mein Mann versucht, sie vor der Wohnungstür abzuwimmeln.

Er: „Wenn Sie mich fragen, sind Sie Verbrecher und die Bibel ist der allergrößte Scheiß."
Zeuge Jehovas: „Das sieht die Bibel aber anders."

vom argument überrollt

— *Oldenburg. Famila-Center Wechloy.*

Auf dem Parkdeck steht ein Mann und beobachtet, wie eine Frau auf einem Behindertenparkplatz neben ihm einparkt. Es ist kein Behindertenausweis am Auto zu sehen. Die Frau steigt aus und läuft an ihm vorbei.

Mann: „Haben Sie nicht was vergessen?"
Frau (irritiert): „Häh?"
Mann: „Ihren Rollstuhl?!"

die müll-abfuhr

— *Paderborn. Hauptbahnhof.*

Ein junger Mann wirft Müll in einen Mülleimer, der gerade von einem älteren obdachlosen Herrn durchsucht wird. Dieser sagt daraufhin empört:

„Was soll denn das? Ich stör dich doch auch nicht bei deiner Arbeit!"

die uhr stand seit zehn jahren still

— *Lübeck. In der Uhrenabteilung bei Karstadt in der Vorweihnachtszeit.*

Kunde: „Ich möchte eine neue Batterie in meine Uhr, schauen Sie mal, die hier!"
Verkäufer: „Das kostet 9 Euro."
Kunde: „Was? 9 Euro? Das sind 18 Mark!"
Verkäufer: „ ... oder 3 Taler."

nachfragen bestimmt das angebot

— *Köln. Im Saturn.*

Kunde (ernst): „Ähm, wie viel kostet in etwa ein PC zwischen 500 und 600 Euro?"
Verkäufer (trocken): „Circa 800, ohne Monitor."

das ging in die hose

— *Eschringen.*

Auf einer Party im Sportheim unterhalten sich zwei Jugendliche.

#1 (angeberisch): „Also, ich rauche ja immer nach dem Sex."
#2 (trocken): „Ah, du bist also Nichtraucher."

definitiv im falschen job

— *Aachen. In einem Restaurant.*

Spätabends teilt der Ober sein Trinkgeld unter den Aushilfen auf.

Ober: „Hier sind 5 Euro für dich."
Aushilfe: „Wenn du mir 10 Euro gibst, darfst du es mir in den Ausschnitt stecken!"

die dreifache kindesmisshandlung

— *Kiel. In einem Restaurant. Am Nebentisch sitzen Medizinstudenten.*

#1: „Nein Mann, Gandalf ist ein richtiger Name!"
#2: „Geil, dann nenn' ich so meinen Sohn. Und dann rufe ich ihn Gandhi... oder Alf."

add me as a schwarzfahrer?

— *Köln-Worringen. In der S11 gegen 22 Uhr.*

Eine junge Frau, leicht angeheitert und in bester Stimmung, hat keinen Fahrschein und gerät in eine Kontrolle. Sie kann auch keinen Ausweis oder dergleichen präsentieren.

Kontrolleur: „Haben Sie denn irgendetwas dabei, worauf Ihr Name steht?"
Junge Frau: „Nee, aber ich bin bei Facebook, da kannst du nachgucken."

kann man schon mal bringen

— *Plochingen. In einem Sportwarengeschäft.*

In der Radsportabteilung spricht eine Kundin einen offensichtlich beschäftigten Verkäufer an.

Kundin: „Ähm, Entschuldigung, kann ich Sie kurz mal?"
Verkäufer (spontan): „Ja, Sie können mich mal!"

Beide brechen in Gelächter aus.

sie weiß, was frauen wirklich wollen

— *Mainz. In einem Aldi.*

An der Kasse steht ein Mann in der Schlange. Die Kassiererin fängt an, seinen Einkauf zu scannen. Seinen abgepackten Brokkoli scannt sie und legt ihn sogleich hinter sich zu anderen Waren, die zurückgegeben wurden.

Kassiererin (mit leicht osteuropäischem Akzent): „Sie holen sich gleich neue Brokkoli!"

Der Mann schaut verdutzt.

Kassiererin (weiter scannend): „Sie bezahlen jetzt bei mir und holen sich gleich neue Brokkoli. Der ist nix mehr schön!"

Der Herr scheint es nicht zu verstehen.

Kassiererin (scannend): „Sie holen sich neue, schöne Brokkoli. Sonst gibt zu Hause geschimpft!"

Der Herr zuckt mit den Schultern.

Kassiererin (scannend): „Ja, ich kenn das von mein Mann, wenn ich den losschicke. Muss ich immer aufpassen!"

Er bezahlt.

Kassiererin: „Ihren Wagen lassen Sie bei mir stehen, ja hier, genau so! Und jetzt holen Sie schöne Brokkoli."

Er geht mit hängenden Schultern gen Gemüseregal.

die komödie der selbsteinschätzung

— *Lüneburg. In der Schule.*

Im Politikkurs 12. Klasse werden die mündlichen Noten vergeben.

Lehrer: „Also, wir machen es so: Ich gehe jetzt vor die Tür, dann kommen Sie der Reihe nach einzeln zu mir raus, sagen mir Ihre Einschätzung, dann lachen wir gemeinsam ein bisschen und ich sage Ihnen Ihre richtige Note."

kein gramm respekt

— *Im Reisebus von Amsterdam nach Frankfurt.*

Der Bus wird in der Nähe von Frankfurt von einem Polizisten angehalten, der standardmäßig alle Taschen auf Drogen untersucht. Ein etwas mürrischer Fahrgast möchte den Beamten so schnell wie möglich wieder loswerden.

Fahrgast (während sein Geldbeutel auf Marihuana untersucht wird): „Aber das Geld lassen Sie schön drin!"
Polizist: „Wollen Sie mir unterstellen, Sie zu beklauen?"
Fahrgast: „Wollen Sie mir unterstellen, Drogen zu schmuggeln?"

teerschwarzer humor

— *Frankfurt am Main. Flughafen.*

In einem verglasten Raucherraum stehen drei orthodoxe Juden und rauchen. Einer der drei verlässt den Raucherraum, macht von draußen ein Foto, kommt wieder herein und zeigt seinen Mitreisenden das eben aufgenommene Bild:

„Look at this, german gaskammer!"

charme ist die beste einparkhilfe

— *Koblenz. Parkplatz Sparkasse.*

Eine Frau parkt in offensichtlicher Eile auf dem Sparkassenparkplatz kurz vor Geschäftsschluss und steht etwas unelegant auf zwei Parkplätzen.

Ein vorübergehender Passant spricht sie an:

„Entschuldigung, Sie stehen auf zwei Parkplätzen."

Darauf die Fahrerin lächelnd:

„Ja, Entschuldigung angenommen!"

smart-ass mit smartphone

— *Köln-Deutz. Straßenbahnlinie 4.*

Gegenüber sitzt ein Herr mittleren Alters und liest in seiner Zeitung. Ein junger Mann steigt zu, setzt sich neben mich und beginnt mit seinem Smartphone irgendein Spiel zu spielen.

Der Herr (laut in die Runde): „Mit was die Jugend heute ihre Zeit vergeudet…!"
Der junge Mann: „Sagte er und blätterte weiter in seiner *BILD*-Zeitung!"

fsk 55 – empfehlung der freiwilligen schlag-anfall-kontrolle

— *Marburg. Universitätsklinik.*

Arztvisite im Krankenzimmer. Drei Ärzte stehen am Bett eines Patienten.

Oberarzt: „Wir werden bei Ihnen jetzt noch einige zusätzliche Blutuntersuchungen durchführen. 47 ist nämlich eigentlich noch zu jung für einen Schlaganfall."
Patient: „Zu jung? Ab wann darf man denn?"

you buy it, you name it

— *Berlin. Hauptbahnhof.*

Eine Gruppe Schwaben, die zu Besuch in Berlin ist, möchte bei einem Bäcker Nusshörnchen kaufen.

Verkäuferin: „Guten Tag, was darf's sein?"
Schwabe: „Diese Hörnle da!"
Verkäuferin: „Bitte? Was möchten Sie?"
Schwabe: „Diese Hörnle da!"
Verkäuferin: „Das ist ein Nusshörnchen, wenn Sie es gekauft haben, können Sie es nennen, wie Sie wollen!"
Schwabe: „O.k., ich nehm's."

meet the parent

— *München-Untermenzing. In einem Supermarkt.*

An der Kasse. Ein hübsches junges Mädel (ca. 20) bezahlt, der Kassierer ist, seinen Blicken nach zu urteilen, sehr von ihr angetan. Nach dem Bezahlen wirft er ihr noch einen vielsagenden Blick hinterher. Das Mädel geht raus und wartet dort auf jemanden. Der Mann, der hinter dem Mädel angestanden hat (ca. 40), spricht den Kassierer an.

Kunde: „Schaut Hammer aus, oder?"
Kassierer: „Jo, nicht von schlechten Eltern die Kleine!"
Kunde: „Ich weiß, ich bin ihr Vater."

was er nicht weiß, macht ihn nicht heiß

— *Berlin. Vor der Currywurstbude „Krasselt's".*

Hinter uns in der Schlange unterhalten sich drei junge türkischstämmige Männer.

#1: „Ist Currywurst nicht aus Schweinefleisch?"
#2: „Bleiben wir unter Markise – Allah sieht nicht!"

nomen est klingelton

— *Im ICE von München nach Hannover.*

Eine Reihe vor mir klingelt ein Handy. Als Klingelton hört man durch das ganze Abteil das Blöken eines Schafes. Der Besitzer des Handys nimmt den Anruf entgegen:

„… Schäfer!"

der zahlende kopilot

— *Hamburg-Veddel. Im Bus 154.*

Wegen des Bahnstreiks sind die Busse maßlos überfüllt.

Busfahrer an einer Kreuzung: „Mann! Ich kann nichts sehen, wenn vorne so viele Leute an der Scheibe stehen!"
Typ (an der Scheibe klebend): „Rechts ist frei, Sie können!"

wie im puff so beim pils

— *Tegernsee. In einem Hotel.*

Wir sitzen in der Bar um kurz vor ein Uhr. Es kommt noch ein Gast in die Bar und will was trinken. Der Kellner gibt das Getränk aus und möchte gleich abkassieren, da die Bar um ein Uhr schließt.

Gast: „Wie? Jetzt schon zahlen? Ich bin doch gerade erst gekommen?!"
Kellner (trocken): „Ja, das sag ich auch immer zu den Frauen. Zahlen muss ich trotzdem. Das macht dann 3 Euro bitte."

ob knusperhühnchen zu mehr erfolg geführt hätte?

— *Hamburg. Burger King in der Eiffestraße.*

Vor mir in der Schlange bestellt eine junge Kundin (ca. 22) ihr Essen.

Sie: „Crispy Chicken bitte."
Verkäufer: „Do you want something to drink?"
Sie (leicht irritiert): „Ähm, nein…"
Verkäufer: „Do you want something else?"
Sie: „Ey, wieso reden Sie Englisch mit mir?"
Verkäufer: „Sie haben doch angefangen."

statt bahncard nur 'ne babycard?

— *Köln. Im ICE von Berlin nach Köln.*

Der Fahrkartenkontrolleur nähert sich zwei Mittzwanzigern, um ihre Fahrausweise zu kontrollieren, schaut auf die Tickets und sagt:

„Hier steht drauf: ‚Zwei Erwachsene' … kommen die noch?"

note eins mit schwips

— *Goch. Gesamtschule Mittelkreis.*

Im Chemieunterricht. Nachdem eine Schülerin ein ziemlich mieses Kurzreferat gehalten hat, fragt der Lehrer ihre Sitznachbarin, wie sie es denn fand.

Schülerin: „Voll gut!"
Lehrer: „Voll hätte ich es auch gut gefunden."

ein kindertraum wird endlich wahr

— *Kassel. Im Bus 52 an der Haltestelle Brasselsberg.*

Ein junger Mann steigt mit verpacktem Geschenk in den Bus.

Busfahrer: „Ach, das wäre doch nicht nötig gewesen!"
Fahrgast: „Ach wissen Sie, jetzt fahre ich schon so lange schwarz, da ist ein Feuerwehrauto doch das Mindeste."

bullenstarker wiesenhit

– *München. Theresienwiese während des Oktoberfests.*

Auf dem Wiesn-Gelände ist das Fahrradfahren aufgrund der Fußgängermassen eigentlich verboten, trotzdem fährt einer im Slalom zwischen den Fußgängern durch. Nicht weit entfernt steht der grün-weiße „Partybus" der Münchner Polizei. Aus dem Bus erschallt eine gesungene Durchsage eines Wolfgang-Petry-Klassikers:

„Das ist Waaahnsinn, warum fährst du hier mit dem Fahrrad?"

100 heimgehende Wiesn-Besucher im Chor: „Fahrrad, Fahrrad, Fahrrad!!"

mamas privattherapeut

– *Mainz. In einem Metro-Supermarkt.*

Eine Frau läuft aufgebracht mit ihrem Sohn (ca. neun) an mir vorbei.

Mutter: „...hab isch de Geldscheißer, oder was?! Seh isch aus wie de Roggefellä, oder was? Jezz is SCHLUU-USSSSS!!!"

Der Junge trottet hinter ihr her und murmelt:

„Tourettesyndrom...Tourettesyndrom."

die katze im sack gekauft

— *Köln. In der U3 am Friesenplatz.*

Eine Mutter verabschiedet ihre ca. elfjährige Tochter an der U-Bahn-Haltestelle.

Mutter: „Viel Spaß in der Schule."
Tochter: „Ich glaube, da gehe ich heut nicht mehr hin."
Mutter: „Wie, da gehst du heut nicht mehr hin?!"
Tochter: „Ich fühle mich nicht so gut und ich glaub ich fahr doch mit nach Hause."

Die Mutter denkt kurz nach.

Mutter: „Pass auf, ich mach dir ein Angebot: Du gehst heute in die Schule und dafür darfst du die nächsten zwei Tage zu Hause bleiben."
Tochter: „Was? Echt? Danke Mama!"

Einige Sekunden vergehen, die Mutter will gehen.

Tochter: „Warte … es ist Freitag!"

war die deepwater horizon nur 'ne große grillparty?

— *Frankfurt am Main. Schwanheim.*

An einer ESSO-Tankstelle. Kunde an der Kasse.

Kunde: „Haben Sie flüssigen Grillanzünder?"
Tankwart: „Jupp, circa 36.000 Liter."

die bayerische kernkompetenz

— *Eching. In einem Rewe-Supermarkt.*

Wir kaufen für ein großes Essen mit Freunden ein. Und zum Schweinebraten gehören natürlich auch Knödel. Ich greife nach der erstbesten Schachtel. Meine Freundin, im Brustton der Überzeugung:

„Schatz, nimm doch die von Pfanni! Die haben eine größere Knödelkompetenz!"

berliner luft – berliner duft

— *Berlin. Wedding.*

An einer Currywurstbude. Ein stolzer Vertreter des Prekariats bestellt „dreimal Curry" und „zweimal Pommes rot-weiß".

Verkäufer: „Allet für Ihnen?"
Kunde: „Allet für mir. Mann, ick hab so lange nüscht jegessen, mir kannste als Klimaanlage in 'ne Raucherkneipe stellen, ick furze nämlich schon Frischluft."
Verkäufer: „Na, dit müssen wa vahindern. Da jeb ick Sie am besten noch Zwiebeln zu."

wie wird man mit dieser mutter erwachsen?

– *Seeheim. In einem Supermarkt.*

Eine Frau und ihre Tochter (ca. 15) kaufen ein.

Mädchen (sarkastisch): „Hey guck mal Mama, ein Hello-Kitty-Schlafanzug! Ob ich in Größe 128 passe?"
Mutter: „Jetzt werde doch mal erwachsen!"
Mädchen: „Ach, und wie verhält man sich bitte erwachsen?"
Mutter: „Erwachsen bist du, wenn du anfängst, dir deine Hello-Kitty-Schlafanzüge in der richtigen Größe zu suchen!"

so wollte er nicht in die röhre gucken

– *Chemnitz. In einer Saturn-Filiale.*

Ein Kunde steht in der Fernsehabteilung und fragt einen Serviceangestellten:

„Entschuldigung, wissen Sie, wo hier die Fernseher sind?"

Der Serviceangestellte dreht sich um zur TV-Wand, dreht sich zum Kunden, zeigt zum anderen Ende des Ladens und sagt:

„Da hinten bei den Waschmaschinen."

geld ist macht

— *Unna. Im Netto-Markt.*

Ein kleiner Junge (ca. vier) geht mit seiner Mutter einkaufen. Jedes Mal, wenn sie nicht hinschaut, legt er Dinge seiner Wahl in den Korb. An der Kasse entdeckt die Mutter schließlich die ganzen Süßigkeiten, räumt sie wieder aus dem Korb und sagt, mit Seitenblick auf ihren Sohn:

„Such dir 'nen Job!"

schlagfertig im wahrsten sinne des wortes

— *Essen. Im Regionalexpress Essen – Wuppertal.*

In Steele steigt eine größere Gruppe Kinder mit zwei Erwachsenen zu, vermutlich Erstklässler auf Tagesausflug. In einer Ecke sitzt alleine in einer Vierersitzgruppe ein Mann Mitte 30 im feinen Anzug und liest eine Tageszeitung. Die eingestiegenen Kinder verteilen sich tobend auf die noch freien Sitzplätze im Waggon. Es setzen sich auch fünf Kinder zu dem Mann.
Das Mädchen neben dem Mann fuchtelt ständig mit den Händen zwischen Mann und Zeitung herum. Der Mann sagt, ohne von der Zeitung aufzuschauen oder seinen Blick zur Seite zu drehen, in völlig ausdruckslosem Ton:

„Wann hattest du eigentlich deine letzte richtige Schädelblutung?"

punk ist tot

— *Gifhorn. An einer Fußgängerampel.*

Sommer, Sonntagabend, keine Autos weit und breit in Sicht. Auf der einen Seite stehen zwei Punks und warten darauf, dass die Ampel für Fußgänger grün wird. Von der anderen Seite kommt ein Radfahrer über die rote Ampel gefahren, schaut die beiden an und ruft:

„Rebellen, wa?!"

super-mario-kart im supermarkt

— *Ulm. In einem Supermarkt.*

Eine ältere Frau kauft mit ihrer knapp dreijährigen Enkelin ein. Die Kleine schiebt ihren Kindereinkaufswagen wild durch die Gegend.

Großmutter: „Jetzt pass mal auf, wo du den Wagen hinschiebst. Und wenn du wieder einen anrempelst, dann sagst du ‚Entschuldigung' und nicht ‚Boing'!"

kinderrabatt wider willen

– *Schloss Burg. Am Eingang des Museums.*

Ein Pärchen an der Kasse vor mir, er ca. Mitte 30, die Frau wesentlich jünger.

Er: „Zweimal Erwachsene, bitte."
Kassiererin (zur Frau): „Sind Sie denn schon volljährig?"
Er: „Gute Dame, wenn sie das nicht ist, ist das, was ich hier mit ihr mache, verdammt illegal."

Daraufhin sagt die Kassiererin nichts mehr und gibt pikiert die Karten an das Pärchen.

der sprachkönig von mallorca

– *Mallorca. Im „Bierkönig".*

Auf dem Klo spricht der schwarze Klomann mit einem Gast auf Englisch. Als die beiden fertig sind, kommt ein Deutscher zum Klomann.

Gast: „Ey, du sprichst ja viel besser Englisch wie ich."
Klomann: „Als ich. Ich spreche sogar besser Deutsch ALS Sie."

jetzt schraubt er nur noch an autos herum

— *Rees. In einer Autowerkstatt.*

Ich möchte mein Auto aus der Werkstatt abholen und gehe dafür ins Büro der Werkstatt, um dort meine Rechnung zu begleichen. Vor mir steht ein Mann (ca. 40) und bekommt gerade vom Chef der Werkstatt seine Rechnung präsentiert.

Mann: „Oh, das ist aber teuer geworden! Damit hab ich nicht gerechnet. Wie kommen Sie auf diese Summe?"
Werkstattchef (trocken): „Tja, seitdem ich keine Schwulenpornos mehr drehe, läuft's bei mir auch nicht mehr so rund…"

heiße mucke für kalte tage

— *Kassel. Königsstraße.*

In einem Geschenkeladen. Ein Kunde betrachtet eine kleine Blechdose, die einen Mini-Adventskranz darstellt. In die Dose kann man kleine Kerzen stecken. Der Kunde wendet sich an eine Verkäuferin.

Kunde: „Macht das eine Melodie, wenn ich es anzünde?"
Verkäuferin: „Ja, wenn Sie es unter die Wohnzimmergardine stellen, macht es irgendwann ‚Tatütata'."

da sollte sie sich mal beeilen

– *Landau an der Isar. Vor der Marienkirche.*

Der Pfarrer der Gemeinde wird nach langen Jahren der Seelsorge von der Gemeinde verabschiedet. Eine alte Frau ist sehr traurig über den Weggang des beliebten Seelsorgers.

Alte Frau: „Ich hatte immer gedacht, dass Sie mich noch beerdigen werden."
Pfarrer (im Seelsorgerton): „Liebe Frau Arnim, ich bin ja noch 14 Tage hier."

mein leben als karate-kid

– *Berlin-Neukölln.*

Pfingstsonntag im neuen „Szene-Kiez" von Berlin-Neukölln. Eine ziemlich aufgebrezelte Frau steht mit einem Herrenrad an einer Ampel, im Kindersitz hinter ihr der ca. dreijährige Sohn mit Fahrradhelm. Eine alte Frau steht daneben und betrachtet die beiden lange.

Alte Frau: „Sagen Sie mal: Wie steigt man auf so ein Fahrrad, ohne das Kind zu treten?"
Mutter (überlegt kurz): „Weiß ich auch nicht – aber dafür ist ja der Helm da."

mit stolzgeschwellter … brust

— *Kassel. In der Bahnhofsbuchhandlung.*

Ein gut situiertes älteres Ehepaar will zweimal das Architekturmagazin *Häuser* kaufen. Die Verkäuferin hakt nach.

Verkäuferin: „Wollen Sie die Zeitung wirklich zweimal?"
Mann: „Ja, da ist unser Sohn drin! Man muss eine Zeitschrift doch zweimal haben, wenn der eigene Sohn dort drin ist!"
Verkäuferin (trocken): „Ich bezweifle, dass Sie genauso denken würden, wäre Ihr Sohn im Swinger-Magazin!"

kontrolle ist gut, abzocke ist besser

— *Berlin. In der S-Bahn.*

In der gut gefüllten S3 Richtung Spandau kontrolliert ein junger S-Bahn-Angestellter gerade Fahrkarten. Er kommt zu einer Frau, die offensichtlich zum zweiten Mal an diesem Tag demselben Schaffner ihre Monatskarte vorzeigen soll.

Frau (ca. 50): „Na können Se sich denn nicht mehr an mich erinnern? Hab Ihnen doch erst heute Morgen meine Monatskarte vorgezeigt."
Kontrolleur (trocken): „Ja klar, ich erinnere mich. Aber ich habe Sie trotzdem noch mal kontrolliert. Habe gedacht, Sie hätten Ihre Karte unterwegs verloren. Dann hätte ich Ihnen jetzt schön 40 Euro abknöpfen können."

don't fuck with studenten

— Jena. Im Bus, Linie 13.

Ein offensichtlicher Erstsemesterstudent betritt den Bus über die Vordertür und spricht den Busfahrer an.

Student: „Entschuldigung, fahr'n Sie über'n Westbahnhof?"
Busfahrer: „Nä!"

Daraufhin wendet sich der junge Mann um, mit der Intention, den Bus zu verlassen. Kurz bevor er aus dem Bus tritt, erhebt der Fahrer erneut seine Stimme.

Busfahrer: „Ich fahre nur ZUM Westbahnhof."

Der Student wendet sich wieder um und antwortet gespielt freundlich.

Student: „Ihre Schuhe sind offen."

Der Busfahrer schaut darauf nach unten auf seine Schuhe.

Student: „Jetzt kommen Sie sich genauso verarscht vor wie ich!"

vergütung für verhütung

— Berlin. Fußgängerzone am Kurfürstendamm.

Abschlussfahrt in Berlin. Während wir die Stadt erkunden, laufen wir auf einen obdachlosen Herrn zu. Als wir mit ihm auf derselben Höhe sind, springt er auf, reißt die Arme in die Höhe und ruft:

„Gebt uns Geld für Kondome, damit wir nicht mehr werden!"

the great song of indifference

— München. In der Fußgängerzone.

Ein alter Straßenmusiker sitzt am Straßenrand. Er hat gerade ein Lied beendet, ohne dass ihm jemand aufmerksam zugehört hätte.

Straßenmusiker: „Wisst ihr, was Bob Geldof über die Menschen sagt?"

Die Passanten gehen vorbei, ohne ihn zu beachten.

Straßenmusiker (diesmal lauter): „Wollt ihr wissen, was Bob Geldof über die Menschen sagt?"

– keine Antwort –

Straßenmusiker: „Bob Geldof sagt: Den Menschen ist alles scheißegal!"

statt kleingeld kampfansage

— *Bochum.*

Punker (zu Passant): „Ey, hömma, hast du mal ein bisschen Kleingeld?"
Passant: „Bub, ich mache in bösen Ländern böse Sachen mit bösen Menschen, und der Staat bezahlt mich dafür. Ich bin in deinen Augen ein Faschist und Imperialist, ich bin alles, was du ablehnst und verachtest. An meinem Geld könnte Blut kleben, du willst es nicht!"

zu besuch bei tante brechreiz

— *Berlin. Schönhauser Allee.*

Zwei etwa 18-Jährige streiten sich mit einer etwa 50-jährigen Dame. Die Streithähne trennen sich. Nach etwa 20 Metern dreht sich einer der 18-Jährigen um und ruft:

„Eh, dreh dir ma um, ick will mir noch mal ekeln!"

sprechstunde bei dr. google

— *Mettmann.*

Arzt auf die Frage nach möglichen Folgeschäden von Pfeifferschem Drüsenfieber:

„Sind Sie etwa nicht in der Lage, ins Internet zu gucken?!"

märchenstunde an der wursttheke

— *Bad Oldesloe.*

Ein Kunde steht an der Wursttheke und wartet auf eine Verkäuferin. Schließlich kommt er an die Reihe.

Verkäuferin: „So, dann erzählen Sie mal."
Kunde: „Es war einmal vor gar nicht so langer Zeit ein Kunde, der ging in den örtlichen Supermarkt, um Wurstwaren zu kaufen…"

bevor der bus abfuhr, kam die abfuhr

— *Berlin-Teltow. Im Bus X1.*

Da man abends mit seiner Monatskarte zu zweit fahren kann, steigen zwei Mädels in den Bus, die eine zeigt ihre Fahrkarte vor, deutet auf ihre Freundin.

Mädchen: „Ich nehm' sie mit."
Busfahrer (mustert die Freundin und meint ganz trocken): „Ick och."

desertieren statt dekorieren

— Hameln. Dekogeschäft Wicky in der Bäckergasse.

Ein völlig aufgeregter Mann rennt auf seine Frau zu und ruft euphorisch:

Er: „Schatz, Schatz, komm mal, ich habe was gefunden!"
Sie (mit großen Augen und voller Erwartung): „Ja, was denn?"
Er (trocken): „Den Ausgang!"

kampfpreise im würgegriff

— Stade. In einer Buchhandlung.

Vor dem Laden beschallt ein Panflötenspieler die halbe Fußgängerzone. Ein Mann schaut sich gerade ein Buch an.

Verkäufer: „Wenn Sie den Panflötenspieler da draußen erwürgen, kriegen Sie das Buch billiger!"

preise im schnellspanner

— Düren. In einem Fahrradgeschäft.

Während eines Verkaufsgesprächs ergibt sich folgender Dialog:

Kunde: „Und, geht bei dem Rad noch was runter?"
Verkäufer: „Ja klar, Sattel und Lenker!"

wer ist hier die giftspritze?

— *Hamburg. Allgemeines Krankenhaus Altona.*

Im Zwei-Bett-Krankenzimmer liegt außer mir noch eine junge Schwangere, die bei jeder Kleinigkeit nach der Schwester klingelt, obwohl sie durchaus aufstehen dürfte. Es ist wieder mal so weit. Sie klingelt, Schwester kommt rein.

Schwester: „Ja bitte?"
Frau: „Ich hätte gern einen Apfel!"
Schwester: „Okay, ich guck mal in der Küche nach, ob wir einen haben!"
Frau: „Nicht nötig, ich hab ja welche hier!"
Schwester: „???"
Frau: „Na, ich möchte, dass Sie einen Apfel für mich aus meiner Tüte holen!"

Die Krankenschwester rollt mit den Augen, geht zum Bett, holt einen Apfel aus der Tüte auf dem Nachttisch und reicht ihn mit großer Geste der Patientin. Diese nimmt ihn aber nicht.

Frau: „Können Sie mir den nicht waschen und schälen?!"

Die Schwester dreht sich auf dem Absatz um und verlässt mitsamt dem Apfel das Krankenzimmer. Nach einigen Minuten kehrt sie zurück. Sie trägt wie eine Kellnerin einen Teller, auf dem der Apfel, säuberlich geschält, in Spalten geschnitten und sternförmig angeordnet, liegt. Schwungvoll präsentiert sie ihr Werk der Patientin.

Frau (plärrend): „Sie sollten ihn nur waschen und schälen, nicht SCHNEIDEN!!!"

Schwester (trocken): „Ich musste ihn aufschneiden, sonst hätte ich das Strychnin nicht hineinbekommen."

Die Schwester stellt den Teller auf den Nachttisch und verlässt das Zimmer. Die Patientin guckt mich, die ich um Fassung ringe, an und fragt:

„Du? Ist Strychnin was Unanständiges?"

bitte gib mir nur ein wort

— Bielefeld. Am Jahnplatz.

Ein schmuddelig gekleideter Punk bettelt vor dem Karstadt und fragt die Leute, ob sie ein paar Cent übrig hätten. Als ein Mädchen ohne Kommentar vorbeigeht, ruft er ihm nach:

„Du kannst ja wenigstens was sagen! Ja! Nein! Geh arbeiten!"

gra-fiken für geld

– Zürich, Langstraße. Vor einem Wohnhaus.

Im Zürcher Rotlichtviertel. Eine gutaussehende Nachbarin tritt mit einer Laptoptasche im Businessoutfit aus dem Haus. Ein Mann steuert auf sie zu.

Er: „Wie viel pro Stunde?"
Sie: „Webdesign oder Grafik?"

bei blondi und adi sieht sie rot

— Göttingen. Auf der Shoppingmeile.

Zwei Eis schleckende Teeniemädchen gehen in der Innenstadt Göttingens dicht neben mir her.

#1: „Keine Hunde, sagt meine Mutter, die soll ich ihr gar nicht erst ins Haus schleppen – und kein Sex mit Nazis."
#2: „Klingt fair."

DIE EHRLICHEN –
„… UND KEIN SEX MIT NAZIS."

Jede Wahrheit braucht einen Mutigen, der sie ausspricht – und wenn dann noch ein Zweiter seine Ohren spitzt, freut sich *belauscht.de*. Im folgenden Kapitel können wir Deutsche so richtig auftrumpfen – wir mögen nicht die großen Meister der Diplomatie sein, Dinge auf den Punkt bringen, können wir jedoch ganz gut. Dabei bedarf es „deutscher Tugenden" wie Kampfgeist, messerscharfer Logik und einer gesunden Portion an Rücksichtslosigkeit. Denn nichts ist härter als die Wahrheit und manchmal kann kaum etwas lustiger sein. Doch nach einigen Jahren des Lauschens und Lesens möchten wir an dieser Stelle eine kleine Warnung aussprechen: das grelle Licht der Wahrheit beleuchtet meist auch den Schmutz in den eigenen Ecken. Geben Sie also acht, dass der direkte Weg nicht doch noch am Ziel vorbeiführt…

mach's wie muttern

— *Mainz. Juxplatz.*

In einem Restaurant. Am Nachbartisch sitzen Vater, Mutter und Tochter (ca. zehn). Die Eltern tun ziemlich vornehm, die Tochter zappelt herum und sitzt mit einem Bein unterm Po.

Vater: „Setz dich anständig hin, du willst doch eine brave Tochter sein!"
Tochter: „Ich will nicht brav sein, ich will sein wie die Mama... eine Schlampe!"

eigentum sucks

— *In einem österreichischen Skigebiet.*

In einem Skigebiet in Österreich kreuzt eine Straße, die mit Splitt gestreut ist, die Piste. Alle Skifahrer müssen anhalten, die Skier abschnallen und die Straße queren. Plötzlich kommt von hinten einer angebrettert und brüllt nur laut:

„AAACHTUNG, LEEEIIIIIHSKIIIIII!"

...und fährt mit einem Affenzahn über die splittbestreute Straße.

das erklärt einiges

— *Stubaier Gletscher (Österreich).*

Unterhaltung eines Elternpaars in einem Sessellift. Sie reden scheinbar über die Tochter, die gerade einen Skikurs besucht.

Er: „O.k., sie hat vormittags zwei Stunden von 10–12, dann eine Stunde Pause und dann noch mal zwei Stunden von 12–14 Uhr."
Sie: „Nee, sie hat doch eine Stunde Mittagspause von 12–13 Uhr."
Er: „Jaja, deswegen sagte ich ja auch, zwei Stunden Unterricht von 14–15 Uhr…"
Sie: „Das kommt nicht hin, von 13–15 Uhr – das mit dem Rechnen, das müssen wir aber noch lernen."
Er: „Ja, Mathe war noch nie mein Ding, deswegen bin ich ja auch Banker – wir rechnen nicht mehr, wir wetten!"

kenne dein kind

— *Darmstadt. In einem Kaufhaus.*

Vorweihnachtszeit. Vater und Sohn (ca. fünf) stehen an der Kasse in der Spielwarenabteilung.

Verkäuferin: „Soll's als Weihnachtsgeschenk eingepackt werden?"
Vater zum Sohn: „Wollen wir es noch einpacken lassen oder willst du es gleich hier kaputt machen?"

schwäbischer pottspott

— *Stuttgart. Im Büro.*

Der Firmeninhaber ist gerade dabei, eine Mail an Geschäftspartner im Ruhrpott zu verfassen.

Chef: „Glauben Sie, das passt, wenn ich schreibe: ‚Herzliche Grüße ins schöne Gelsenkirchen'?"
Mitarbeiter: „Ja, warum denn nicht?"
Chef: „Nicht dass die glauben, wir wollen sie verarschen."

statt langem atem kurze leine

— *Schopfheim. In einem Laden.*

Ein kleines Kind macht im Laden Krawall. Die Mutter ist sichtlich genervt und schreit den Jungen an:

„Wenn du dich nicht benimmst, geht's schwuppdiwupp zurück auf den Hundeübungsplatz!"

das lässt sie kalt

— *Freiburg. In der Fußgängerzone.*

Junge (ca. 16): „Ich bin schon cool oder?!"
Mädchen (ca. 15): „Ja, aber ich steh eher auf heiße Typen!"

die bittere wahrheit

— Berlin. Messegelände.

Ein älteres Ehepaar verlässt die Grüne Woche.

Sie (schreiend): „Mann, gehst du mir auf die Nerven!"
Er (sichtlich verwirrt): „Wie? Jetzt gerade?"
Sie: „Nein, seit 30 Jahren!"

streichelzoo in der gefriertruhe?

— Mainz.

Ein Förster verbringt einen Tag im Wald mit der 2. Klasse einer Waldorfschule. Die Kinder können ihm Fragen stellen.

Kind: „Was ist denn Ihr Lieblingstier?"
Förster: „Totes Reh."

gib's mir, rüüüüü ..., ach vergiss es

— Berlin. Mehringhoftheater.

Zwei Mädchen unterhalten sich. Offensichtlich geht es um den neuen Freund der einen.

#2: „Was? Rüdiger? Das ist doch kein Name, den kann man ja gar nicht stöhnen!"

ein mann wie ein anorak

— *München. In der Tram am Nordbad.*

Ein kalter, windiger Herbsttag. Auf einem Viererplatz neben der Tür sitzt ein schlankes junges Mädchen, das für das Wetter etwas zu leicht angezogen ist. Neben ihr ein kräftiger Mann, der in alle Richtungen zwei Meter misst. Als die Trambahn sich der Haltestelle nähert, macht der Mann Anstalten aufzustehen. Das Mädchen daraufhin völlig schockiert:

„Sie können doch nicht aussteigen! Sie sind mein Windschutz!"

das prinzip „gegenschall"

— *Duisburg. Im Regionalexpress 5, Richtung Oberhausen.*

Ein etwa 45-Jähriger sitzt neben einem Teenager, der ultralaute Techno-Musik über Kopfhörer hört. Der Mann, sichtlich genervt, wendet sich an eine Mutter mit Kind (ca. zwei) und ruft quer durch den Waggon:

„Können Sie nicht mal dafür sorgen, dass Ihr Kind schreit, weint oder laut quengelt? Die Kacke neben mir ist ja nicht zum Aushalten!"

memory für erwachsene

— *Münster. Promenade, Ecke Hüfferstraße.*

An der Ampel. Zwei Radfahrerinnen (ca. 20) unterhalten sich.

#1: „Mochtest du ihn nicht? Du warst so komisch vorhin."
#2: „Doch … aber … ich finde, du solltest dein Datingverhalten generell mal überdenken. Das lenkt doch vom Studium ab."
#1: „Mich lenkt das nicht ab, ich kriege das gut nebenbei hin."
#2: „Aber mich! Ich muss mir ständig neue Namen merken!"

das hat sie jetzt aber gesagt

— *Im Regionalexpress von Düsseldorf nach Minden.*

Kurz vor Duisburg erreicht die Schaffnerin einen Fahrgast, der sein 4er-Ticket fünfmal abgestempelt hat und damit schwarz fährt. Die Diskussion beginnt. Nach einiger Zeit gibt der Fahrgast auf.

Fahrgast: „Ich finde es unglaublich, dass Sie nicht mal ein Auge zudrücken. Offiziell haben Sie ja recht, aber …"
Schaffnerin: „Ja, inoffiziell bin ich ein Riesenarschloch, ich weiß!"

was für sie das halleluja, ist für ihn hartz IV

— *Freital. Vor dem Krankenhaus.*

Ein altes Mütterchen steht mit dem *Wachturm* vorm Krankenhaushaupteingang und spricht die Herauskommenden an:

„Was halten Sie von einer Welt ohne Krankheiten?"

Ein junger Mann, den sie auch mit diesem Spruch aufhalten will, bleibt kurz stehen, schaut sie verwundert an und antwortet:

„Eigentlich nichts. Ich bin Arzt."

latein und bio ist keine gute fächerkombination

— *Eichstätt. In einem Gymnasium.*

Die 8c nimmt gerade Sexualkunde bei einer äußerst attraktiven Junglehrerin durch. Gesucht sind Verhütungsmittel.

Schüler: „Coitus interruptus – Abbruch."
Lehrerin (trocken): „Das ist kein Verhütungsmittel, das ist 'ne Spaßbremse."

irgendwann gehen die komplimente aus

— *Hannover. Fußgängerzone Lister Meile.*

Zwei Männer mittleren Alters gehen an mir vorbei.

#1: „Da sagte sie zu mir, dass ich älter geworden sei. Da habe ich mich echt gefreut!"
#2 (ungläubig): „Da hast du dich gefreut? Wieso das denn?"
#1: „Andere sagen zu mir immer nur, dass ich dicker geworden sei."

also das war er sicher nicht

— *Bonn. Im Carpe Noctem.*

Ein junger Mann tanzt gerade mit einem Mädchen auf der Tanzfläche. Ein anderes Mädchen tippt ihm von hinten auf die Schulter.

Sie: „Sag mal, was ist der perfekte Anmach-Spruch?"
Er (dreht sich überrascht um): „Jetzt im Allgemeinen? Oder meinste für mich?"

Sie ist sichtlich irritiert, überlegt ein wenig zu lange.

Er: „Ach weißte, egal. Gibt's beides nicht!"

Er dreht sich wieder um und tanzt weiter.

auf dem trockenen sitzen

— *Siegen. Cinestar-Kino.*

Abends, gegen 19 Uhr auf der Toilette.

Eine Frau (Anfang 20) in der Nebenkabine. Man hört drei Tropfen, dann Stille.

Frau (laut): „Na toll…das hat sich ja voll gelohnt."

wenigstens sind letztere kernlos

— *München. In einer Kneipe am Gärtnerplatz.*

Nachts auf dem Damenklo:

„Also echt, an Wassermelonen hasse ich wirklich alles! Geschmack, Farbe, Form…fast so schlimm wie Penisse!"

für den kleinen nur das beste

— *Zürich. Auf einem Schiff.*

Eine Schiffsrundfahrt auf dem Zürichsee. Am Tisch neben uns speist eine ältere Dame mit Hund. Nach einiger Zeit kommt der Kellner.

Kellner: „Hat es Ihnen geschmeckt?"
Dame: „Ja, ich geb's grad dem Hund."

mein jugendfreund expedit

— *Neuhausen ob Eck. Auf dem Southside 2011.*

Morgens auf dem Campingplatz. Zwei männliche Festivalbesucher teilen sich ein Zelt. Nach einer durchzechten Nacht hört man einen der beiden aufwachen. Er zu seinem Freund:

„Boah Alter! Du hast dich hier besoffen so breit gemacht! Du bist wie so ein Ikea-Regal, du passt nirgendwo hin!"

sind wir nicht alle irgendwie…?

— *Trier. In einer Tierarztpraxis.*

Ein Mann betritt mit seinem Hund die Praxis. Die Tierarzthelferin nimmt die Daten auf.

Helferin: „Was für eine Rasse ist denn Ihr Hund?"
Er: „Ach, das ist nur ein zusammengefickter."

das passt haargenau

— *Hannover. In einer Umkleidekabine bei Vero Moda.*

Eine Frau probiert eine knallenge Hose an und sagt zu ihrer Freundin:

„Wie gut, dass ich mir heute Morgen noch die Beine rasiert hab. Die Haare hätten hier nicht mehr reingepasst!"

fraßflucht oder frustfraß

— *Hamburg. Technische Universität, in der Mensa.*

Student zu einem Mensa-Mitarbeiter: „Was empfiehlt der Küchenchef denn heute?"
Mensa-Mitarbeiter: „Ein anderes Lokal ... ich komm mit!"

ehrlichkeit des zugpersonals: eins

— *In der Regionalbahn von Stuttgart nach Würzburg.*

Eine Bahnmitarbeiterin verteilt im Abteil Fragebögen zur Bahnfahrt. Darin sollen diverse Fragen mit Schulnoten von eins bis sechs bewertet werden. Nach einer halben Stunde kommt sie wieder und möchte den ausgefüllten Fragebogen haben.

Ich: „Ich habe den Fragebogen noch nicht ganz ausgefüllt."
Sie: „Warum? Ich kann den in zehn Minuten ausfüllen."
Ich: „Einige Fragen kann ich doch noch nicht ausfüllen, z.B.: ‚Wie beurteilen Sie die Präsenz des Zugpersonals?' Ich fahre ja erst seit 'ner halben Stunde und der Mann war erst einmal da."
Sie: „Na, sehen Sie. Da wissen Sie ja, was Sie ankreuzen."
Ich: „Oder: ‚Wie beurteilen Sie die Sicherheit des Zuges?' Woher soll ich denn so etwas wissen?!"
Sie: „Da gebe ich Ihnen einen Tipp: Kreuzen Sie hier sechs an. Ich fahre jeden Tag mit diesen Zügen und kenne mich sehr gut aus. Das ist eine Katastrophe."

just divorced vs. just married?

– *Lüneburg. Im Bus.*

Wir fahren an einer laut hupenden Stretchlimousine vorbei. Ein Brautpaar winkt fröhlich aus dem Fenster der Limousine. Der Busfahrer hupt, winkt freundlich grinsend zurück und murmelt dann grimmig und leise zu sich selbst:

„…noch so'n Opfer."

berufskrankheit

– *Im ICE zwischen Hannover und Hamm.*

Eine Frau hat Probleme mit ihrer Bahncard.

Schaffner: „Ich lass das mal so durchgehen, aber der Kollege auf der Rückfahrt könnte das enger sehen!"
Frau: „Vielleicht ist der ja gut drauf!"
Schaffner (mit hochgezogenen Augenbrauen): „Haben Sie schon mal 'nen Bahnschaffner gesehen, der gut drauf war?"

doctor house auf schwäbisch

– *Stuttgart. Im Aufzug des Marienhospitals.*

Im Aufzug des Klinikums befinden sich unter anderem zwei Frauen mit zwei Kindern. Ein älterer Chefarzt steigt zu. Der kleine Junge (ca. fünf) mit langen blonden Haaren mustert den Chefarzt.

Junge: „Duuu ... bist du hier der Doktor?"
Arzt: „Na ja, einer von vielen eben."
Junge: „Also wenn ICH mal groß bin, dann will ich Ritter werden und kein Doktor!"
Arzt: „Du kannst doch gar kein Ritter werden, du siehst ja aus wie ein Mädchen."

Der Chefarzt steigt aus und hinterlässt einen zu Tode betrübten Jungen. Die zwei Frauen beginnen eine lebhafte Diskussion.

#1: „Ich hab dir schon so oft gesagt, bring den Jungen endlich zum Frisör!"
#2: „Nein, Tim darf seine Haare tragen wie er das möchte!"

pack die regenjacke ein

– *Erlangen.*

Kundengespräch in einem Reisebüro.

Berater: „Und was genau stört Sie an der Regenzeit?"
Kunde: „Der Regen?!?"

vor lauter latte den milchkaffee nicht gesehen

— *Berlin. In einem Starbucksverschnitt in der Friedrichstraße.*

Ein Kunde hat den Laden betreten und schaut die Tafel mit den Heißgetränken an. Nach ein paar Minuten geht er zur Theke. Es kommt zu folgendem Gespräch:

Verkäufer: „Was darf es denn sein?"
Kunde: „Einen Kaffee bitte!"

Der Verkäufer dreht sich zur Tafel um und studiert sie genauestens. Dann dreht er sich wieder zum Kunden.

Verkäufer: „Ich glaube, das könnte schwer werden!"

damit so etwas nicht mehr vorkommt

— *Trier. Hauptbahnhof.*

Mutter (korpulente, etwas asozial wirkende Frau Mitte 20) geht mit ihrem stark quengelnden Kind am Burger King vorbei. Vor der Eingangstür setzt sich das Mädchen auf den Boden und fängt an zu schreien und zu weinen. Die Mutter brüllt das Kind an:

„Boah, wenn ich wüsste, wer dein Vater ist, dem würd ich mal gut in die Eier treten!"

er wollte ja nie vertreter werden

— Dresden. In einem Geschäft.

Ein Parfümvertreter hat ein paar Duftproben vorbeigebracht. Die Chefin testet eines der Produkte. Sie schnuppert an ihrem Handgelenk.

Chefin: „Äh. Das riecht wie Hundescheiße!"
Vertreter: „Ja, das riecht auf jeder Haut anders."

früh paart sich, wer papa auf die palme bringen will

— Hage. In einem Lidl.

Vor mir an der Kasse steht ein asozial angehauchtes Paar mit Tochter (ca. zwölf). Im Sonderangebot sind kleine Kokospalmen. Es entwickelt sich folgender Dialog mit der Verkäuferin:

Vater (scherzhaft): „Wann kommen denn bei den Palmen die Kokosnüsse?"
Verkäuferin: „Och, wenn Sie die heute einpflanzen, können Ihre Enkelkinder die ersten essen."
Tochter (grinsend): „Oh, das dauert nicht mehr lang!"

jeden freitag (brems-)spurwechsel

— *Berlin. In der Straßenbahn am Zionskirchplatz.*

Zwei verpickelte Jungs unterhalten sich über ein Mädchen.

#1: „Ick sach dir, die Olle wechselt die Typen so oft wie ihre Unterwäsche!"
#2: „Wat? Hat die jede Woche nen andern oder was?"

austreten mit auflagen

— *Bochum. In der Damentoilette eines Einkaufszentrums.*

Eine Frau begibt sich schnellen Schrittes in die überfüllte Damentoilette. Die afrikanische Servicekraft am Eingang hält sie auf und fragt:

„Nur Pipi?"

Die Frau nickt lächelnd, die Servicekraft öffnet ihr die Behindertentoilette. Als die Frau hineingegangen ist, klopft die Servicekraft gegen die Toilette und ruft laut:

„ABER NUR PIPI!"

traumjob und traumfrau

— *München. Im Zug.*

Ein Mann versucht ein Gespräch mit seinem Gegenüber zu beginnen:

Mann: „Jetzt ist die schönste Zeit des Tages."
Gegenüber: „Und warum das?"
Mann (während er eine Flasche Bier öffnet): „Nicht mehr in der Arbeit und noch nicht zu Hause!"

metaxa 0, taxameter 1

— *Buchloe. Bahnhofstraße.*

Meine Freundin und ich kommen von einer Party heim und laufen die Straße entlang. Auf der gegenüberliegenden Seite steht ein Taxi, eine der hinteren Türen ist offen. Eine Mitfahrerin steht vor dem Taxi und übergibt sich ausgiebig. Von drinnen schreit ihre Freundin:

„Mach schneller, das müssen wir alles zahlen!"

revolver oder rollstuhl?

– *Hannover.*

Samstags an einem AWO-Stand in der Innenstadt. Eine junge Mitarbeiterin spricht einen älteren Passanten an.

AWO-Frau: „Entschuldigen Sie, haben Sie sich schon Gedanken über Ihre Vorsorge und Ihre Pflege im Alter gemacht?"
Passant: „Nee, dafür hab ich mir schon 'ne Pistole besorgt."

… sonst könnte er ja gleich playstation zocken

– *Bayreuth. Bei einem Mountainbike-Rennen.*

Vater zum ca. zehnjährigen Junior. Es geht um den besten Platz, um das Radrennen zu verfolgen.

Vater: „Willst du sehen, wie sie den Berg hinaufstrampeln, oder lieber, wie sie auf der anderen Seite wieder runterrauschen?"
Sohn: „Ich will sehen, wie sie auf die Schnauze fliegen!"

von aasigen söhnen und hässlichen entlein

— *Freisen. Naturwildpark.*

An der Greifvogelausstellung. Eine Mutter mit ihrem Kind steht neben uns, sie schauen sich interessiert die Tiere an. Dann sieht der kleine Junge (ca. sechs) den Geier, schaut zu seiner Mutter, wieder zum Geier, wieder zur Mutter.

Junge: „Mama, was ist das für ein Vogel?"
Mama: „Das ist ein Geier. Ein Aasfresser."
Junge: „Was ist Aas?"
Mama: „Ein Tier, das gestorben ist, und der Geier isst sich daran satt."

(Pause)

Junge (schaut wieder den Vogel an und dann die Mama): „Mama, wenn das der letzte Geier auf der Welt wäre und jetzt tot umfallen würde, dann wärst DU der hässlichste Vogel auf der Welt."

weniger ist nicht immer mehr

— *Wolfsburg.*

Im Berufsschulunterricht erzählt eine Schülerin kurz vor Weihnachten:

„Zu Silvester soll man ja rote Unterwäsche anziehen, das bringt Glück in der Liebe. Deswegen hatte ich dieses Jahr auch Pech, da hatte ich nämlich keine an."

die bösen kleinen weight-watchers

— *Stuttgart. In der U-Bahn.*

Eine Mutter (1,80 m groß, geschätzte 130 kg schwer) steigt mit ihren beiden Kindern (Tochter ca. fünf, Sohn ca. vier) in die U-Bahn ein.

Mutter: „Und, habt ihr eben bei der Tante schön gegessen?"
Tochter: „Ja, war lecker. DU hast aber viel zu viel gegessen!"
Mutter: „Nein, ich habe nicht viel gegessen. Ich esse immer nicht so viel."
Sohn: „Doch, du hast viel gegessen. Dein Bauch ist doch ganz dick."
Mutter (schaut schon ganz beschämt, da jeder im Abteil mithört): „Nein, ich esse auch nicht mehr als ihr. Ah, schaut mal da draußen, was da ist!"

Es herrscht zwei Minuten absolute Stille. Die Bahn hält an einer Haltestelle ungewöhnlich lange. Ungeduldig sagt die Mutter:

„Wieso dauert das so lange?! Warum fährt die Bahn nicht weiter?"

Darauf beide Kinder sehr laut im Chor:

„WEIL DU ZU SCHWER BIST!!!"

faltenfreies argument

— Bamberg. In einem Kaufhaus.

Ein Pärchen steht in der Elektroabteilung vor dem Regal mit Bügeleisen und überlegt schon eine Weile, welches davon das Richtige wäre. Endlich entscheiden sie sich für eines. Kommt ein völlig Unbeteiligter daher und sagt im Vorbeigehen knochentrocken:

„Kaufen Sie's nicht, macht bloß Arbeit!"

den blauen montag beim wort genommen

— Bochum. In der U35, Haltestelle Zeche Constantin.

Ein Mann im Blaumann sitzt mit einer Flasche Bier in der U-Bahn. Er spricht einen Mann an, der gegenübersitzt, wobei er ziemlich lallt.

#1: „Heute wird einem nichts mehr geschenkt!"
#2: „Ja, haste recht."
#1: „Ich sach abba immer: Hauptsache Arbeit! Heute gibt einem keiner mehr 'ne Chance!"
#2: „Ja, ich kenn das mit der Arbeitslosigkeit. Is hart!"
#1: „Ja! Zum Glück konnte ich heute früher gehen. Mein Chef hat mich nach Hause geschickt! Aber nur weil ich so besoffen bin! Aber ich sag immer: Hauptsache Arbeit!"
#2: „Haste recht!"

vanitas im warenhaus

— Essen. Rewe in der Altenessener Straße.

Eine junge Frau steht vor mir an der Kasse und möchte unter anderem eine Schachtel Zigaretten kaufen. Die Kassiererin schaut erst auf die Schachtel, dann auf die Frau und verlangt anschließend deren Ausweis. Die Frau lächelt freundlich und reicht ihr den Personalausweis.

Junge Frau (beiläufig): „Ja, ja, ich weiß, ich seh' so jung aus…"
Kassiererin (trocken): „Glaub mir Mädel, auch du kriegst irgendwann Hängetitten, Falten und Krähenfüße."

die rote gratis-videothek

— Aschaffenburg. In einem Media Markt.

Ein Kunde mit drei DVDs in der Hand wendet sich an den Verkäufer:

Kunde: „Ich hab mir neulich hier diese drei DVDs gekauft und will die wieder umtauschen."
Verkäufer: „Warum denn? Was ist denn nicht in Ordnung mit den DVDs?"
Kunde: „Ah ja, die Filme haben mir net gefallen."

daddy uncool

— Balingen. Auf einem Spielplatz.

Ich beobachte eine junge Familie. Die zwei kleinen Töchter (ca. sieben und neun) umkreisen ihren Vater. Die Kinder schreien immer wieder zum Vater:

„Klein, dick und hässlich!"

Darauf die Mutter entrüstet:

„Er ist nicht klein!"

gelassen entlassen

— Halle. JVA I.

Vor dem Gefängnis steht ein Pärchen. Ein junger Mann Mitte 20 kommt heraus. Er trägt Sachen, die vor ein paar Jahren mal modern waren. Offensichtlich wurde er soeben aus der Haft entlassen.

Er: „Wie komme ich von hier zum Bahnhof?"
Frau: „Oh, das ist aber eine ganze Weile weg von hier."
Er (sein Gesicht ein einziges Strahlen): „Das ist mir egal. Ich habe Zeit."

sie haben wohl was zu verburgern

— Homburg. McDonald's, Lappentascher Hof.

Eine schwergewichtige Familie hat diverse üppig gefüllte Tabletts vor sich stehen, alle kauen zufrieden. Der jüngste Sohn (ca. drei) hat sich einen McDonald's-Luftballon geschnappt und spielt damit. Mutter und Vater ganz entsetzt und sehr energisch:

„Mach den weg! Sofort! Sonst wissen Oma und Opa doch, dass wir schon wieder hier waren!"

seine lieblingskünstler: obi hornbach und max baar

— Nürnberg. Jahresausstellung der AdbK.

Am Ende der Ausstellung steht ein Künstler mit seinem Fahrrad, an dem vorne ein Einkaufswagen montiert ist. Ein Mittvierziger mit Kamera fotografiert es und ruft mit großer Begeisterung:

„Endlich was Nützliches!"

diese spielchen lassen sie kalt

— *Nürnberg. Rock im Park.*

Wir stehen gerade mitten in der riesigen Menge, um uns Coldplay anzuschauen.

Ein offensichtlich betrunkener Mann: „Ey, lasst uns alle ausziehen!"
Ein anderer antwortet: „Wenn du anfängst…"

(Der Erste fängt an, sein T-Shirt auszuziehen)

Darauf eine Frau: „Oh nee, bitte nicht schon wieder. Ich hab heute schon sooo viele fette… hässliche… nackte Männer gesehen! Ich hab jetzt langsam echt keinen Bock mehr!"

keine lust auf lolita

— *Berlin. H&M.*

Mutter und Tochter (ca. 13) stehen in der Unterwäscheabteilung im H&M. Die Mutter zeigt auf eine BH-Tanga-Kombination.

Mutter: „Wie wär's damit?"
Tochter: „Mama, ich bin 13 Jahre alt, warum willst du, dass ich mich anziehe wie eine Hure?"

schnorren wie ein rockstar

— *Bremen. Vor dem Hauptbahnhof.*

Ein Punk läuft mit einem Blechbecher herum, um zu schnorren. Er kommt auf mich zu und fragt:

„Hast du mal ein bisschen Kleingeld für Alkohol, Drogen oder billige Prostituierte?"

der bahn-bohlen

— *Hannover.*

Ein kleines Mädchen turnt in der Bahn an einer der Haltestangen im Sitzbereich herum. Der Vater rülpst einmal und sagt:

„So kommst du nie nach Supertalent!"

die saure-gurken-zeit ist vorbei

— *Oldenburg. In der Innenstadt.*

Ein etwa zwölfjähriger, sehr korpulenter Junge setzt sich mit seinem Kumpel an die Bushaltestelle, beißt genüsslich schmatzend in einen Burger und sagt:

„Endlich kein EHEC mehr."

erziehungstipps à la heidi klum

— *Konstanz. In der Fußgängerzone.*

Junge hübsche Mutter (ca. 20) mit ihrer kleinen Tochter (ca. drei) in der Fußgängerzone. Die Kleine schreit und heult aus vollem Hals.

Mutter: „Leni, hör jetzt auf zu weinen! Wer weint, wird hässlich! Und wer hässlich ist, bekommt keine Freunde!"

die hoffnung klickt zuletzt

— *Dorsten. Im Bus.*

Zwei Mädchen (ca. 15) unterhalten sich lautstark.

#1 (total fertig): „Ich kann echt voll nicht mehr! Schlimmer kann's gar nicht werden!"
#2 (recht trocken): „Na, warte, bis du mit Mitte 30 vor dem Computer und deinem eDarling-Account sitzt und alle zehn Sekunden auf ‚aktualisieren' klickst…"

betriebsklima: unterkühlt

— *Münster. In einem Supermarkt.*

An einem heißen Sommertag in einem wunderbar klimatisierten Supermarkt.

Kunde zum Kassierer: „Hier ist es ja auszuhalten."
Kassierer: „Aber nur für kurze Zeit. Nach einem halben Jahr hätten Sie auch die Schnauze voll von diesem Job."
Kunde: „Ich meinte die Temperatur."
Kassierer: „Ach so, ja, die ist okay."

kleiner junge, großer anspruch

— *Frankfurt am Main. Im Zoo.*

Es hat morgens etwas geregnet. Vor uns geht ein Vater (ca. 40) mit seinem kleinen Sohn. Der Sohn läuft durch eine kleine Pfütze, der Vater ist sichtlich genervt und zieht ihn zurück. Der Sohn nähert sich der nächsten Pfütze und setzt zum Sprung an. Daraufhin der Vater:

„Karl, du bist jetzt 18 Monate alt, du musst jetzt für andere Kinder ein Vorbild sein, so leid mir das tut!"

ton gut, tier tot?

— Oberhof. Während eines Rennrodel-Weltcups.

Ein kleiner Junge (ca. sechs) läuft vor uns die Straße entlang die Rodelbahn herunter. Für die TV-Übertragung hängen an mehreren Stellen diese plüschigen Mikrofone in der Bahn, die das Geräusch des vorbeirauschenden Schlittens aufnehmen sollen. Der kleine Junge läuft zu einem solchen Mikro, beugt sich darüber und fragt besorgt:

„Meerschweinchen, lebst du noch?"

DIE KLEINEN – „MEERSCHWEINCHEN, LEBST DU NOCH?"

Sie sind die Evergreens in unserem Sprachuniversum – die süßen Kleinen. Wenn sie ihre Münder öffnen, kommt meist Bemerkenswertes heraus: direkt, ehrlich und unverblümt. Nach sechs Jahren Lauscharbeit wissen wir: Kinder sind die Nummer eins unter den Belauschten. Meist sind es ihre engsten Vertrauten, Mama und Papa, die voller Erzeugerstolz die Phrasen ihrer Süßen festhalten und mit dem Rest der Republik teilen. Dabei fällt vor allem eines auf: Je weniger die Kleinen werden, desto lauter und selbstbewusster erheben sie ihre Stimmen – denn zwischen Smartphones und Castingshows fällt es nicht immer leicht, sich Gehör zu verschaffen. Bühne frei für die Redner von morgen.

etwas, das durch den magen geht, mit sechs buchstaben

— *Dresden. In der Straßenbahnlinie 6.*

Drei Mädels zwischen zwölf und 13 Jahren unterhalten sich über das Verliebtsein.

#1: „Ich dachte auch mal, ich bin verliebt, aber dann hatte ich nur Hunger."

sex vs. gender

— *München. In der U-Bahn.*

Ein Junge (ca. 15) telefoniert offenbar mit einem Kumpel:

„Was wärst du lieber, ein Junge oder ein Mädchen? Hat ja beides Vor- und Nachteile:
Als Junge musst du nicht abspülen und so... Als Mädchen hast du Nagellack. Und du kannst Labello benutzen, ohne dass es schwul wirkt... Weißte, ich würd auch gern Lipgloss benutzen und so, aber wirkt ja schwul... Als Mädchen kannst du auch Rihanna hören oder ‚Twilight' gucken, so oft du willst... Dafür kannst du als Junge schwimmen gehen, wann du möchtest... Boah, wenn ich mir vorstelle, dass da den halben Tag Blut rausläuft aus mir! Aber gibt ja noch viel mehr: Als Junge musst du, ich sag jetzt mal so deutsch – umwerben. Als Mädchen wartest du nur ab... Als Junge kannst du weite Hosen tragen, als Mädchen musste immer so... so enge Jeans und so tragen..."

kein schönes land in dieser zeit…

— *Freiburg. Zu Hause.*

Ich belausche ein Gespräch zwischen meinen beiden kleinen Brüdern (acht und zehn).

#1 *(singend):* „Moskau, Moskau, wirf die Gläser an die Wand, Russland…"
#2: „Ich glaub, das Lied war mal verboten."
#1: „Echt? Warum war das verboten?"
#2: „Ich glaub, weil Russland kein schönes Land ist."
#1: „Stimmt, kann sein."

so unterschiedlich sind bewertungen

— *München. In einem Café.*

Eine Mutter sitzt mit ihrer Tochter (ca. zehn) an einem Tisch. Nach einiger Zeit stößt der Vater zu den beiden.

Mutter (zum Ehemann): „Hast du schon gehört, deine Tochter hat in Mathe eine Drei geschrieben."
Ehemann (zur Tochter): „Na ja, dafür bekommst du von mir einen kleinen Kuss."
Tochter (empört zur Mutter): „Siehst du! Bei Papa bekomme ich einen Kuss, bei dir muss ich den Salat aufessen!"

wo sie das mit zwölf wohl her hat?

— *Bad Lauterberg im Harz. Vitamar Erlebnisbad.*

Im Spaßbad gibt es ein Wellenbecken und acht Gummimatten, auf denen man darin herumpaddeln kann. Die Wellenmaschine ist gerade ausgeschaltet und alle Matten sind belegt, zum Teil von mehreren Kindern gleichzeitig. Am Beckenrand sitzt ein Junge (ca. zehn) allein auf zwei übereinandergestapelten Matten. Ein Mädchen (ca. zwölf) mit drei weiteren Kindern im Schlepptau tritt hinzu.

Mädchen: „Entschuldigung, brauchst du wirklich beide Matten?"
Junge: „Ja, mein Bruder kommt nachher wieder und ich soll solange auf die aufpassen."
Mädchen: „Kannst du uns nicht eine Matte geben?"
Junge: „Nein."
Mädchen: „Aber guck mal, wir sind vier und haben keine Matte, und du bist nur einer, sitzt auf gleich zwei Matten übereinander und benutzt sie nicht mal. Also gib uns bitte eine Matte."
Junge: „Nein!"
Mädchen (guckt böse, will gerade weggehen, dreht sich noch mal um und ruft): „An solchen Leuten wie dir scheitert der Kommunismus!"

es war einen versuch wert

— *München.*

Ein Vater und sein Sohn (ca. vier) stehen in einem Drogeriemarkt. Plötzlich zieht der Junge aufgeregt am Ärmel des Vaters.

Sohn: „Papa, wir dürfen bloß nicht das Futter für's Meerschweinchen vergessen!"
Vater (schmunzelnd): „Lass uns damit warten, bis wir mal ein Meerschweinchen haben."

wer im glashaus sitzt...

— *Magdeburg. In der Straßenbahn.*

Ein Vater bringt seine Tochter (ca. vier bis fünf) mit der Straßenbahn zum Kindergarten. Anscheinend hat er einige Probleme im Umgang mit ihr und fängt schließlich an ihr zu drohen.

Vater: „Wenn du dich nicht gleich ordentlich benimmst, sage ich das heute Abend der Mama!"

Einen Moment herrscht gespenstische Ruhe, dann meint die Kleine für alle anderen deutlich hörbar:

„Und dann sage ich, dass du im Keller immer in den Ausguss pullerst!"

die heilige handgranate von worms

— *Schloss Lichtenstein (Schwäbische Alb).*

Bei einer Führung. Unter einem Gemälde, auf dem unter anderem der Reichsapfel des Heiligen Römischen Reiches dargestellt ist, kommt es zu folgendem Dialog zwischen einem Jungen (ca. zehn) und einer jungen Frau, die sich offenbar kennen.

Junge (zeigt auf den Reichsapfel): „Kennst du Worms?"
Frau: „Da war ich noch nie."
Junge (leicht genervt): „Ich mein doch Worms, das Computerspiel. Da gibt's eine Handgranate, die sieht genauso aus wie das da."

neue alternative zu kevin?

— Bad Segeberg.

Es sind Karl-May-Festspiele in Bad Segeberg, „Halbblut" steht auf dem Programm. Etwa nach der Hälfte der Vorführung rennt ein Indianer völlig aufgelöst in die Mitte des Aufführungsplatzes, reckt die Hände in den Himmel und brüllt sich die Kehle aus dem Leib:

„MAAANITOOUUUU!"

Danach ist alles mucksmäuschenstill. Plötzlich hört man aus dem Publikum eine Kinderstimme:

„Ja?"

ein dialog wie aus dem letzten jahrtausend

— *Saarbrücken. Auf einem Spielplatz.*

Zwei Mädchen schieben ihre Fahrräder. Das eine Mädchen klingelt mit ihrer neuen Klingel und sagt zur Freundin:

„Guck mal, mein neuer Klingelton!"

quid pro quo

— *Dachau. An einer Fußgängerampel.*

Zwei Mütter mit Kindergartenkindern begegnen sich. Das eine Mädchen schenkt dem anderen einen Lutscher und schaut auf zu seiner Mutter:

„Gell Mama, das hat der Nikolaus jetzt gesehen, oder?!"

reinen wein eingeschenkt

— *Mönchengladbach. In einer Grundschule.*

Die Lehrerin fragt die Schüler der ersten Klasse, welche Berufe ihre Eltern haben. Ein Schüler meldet sich und sagt:

„Meine Mama ist Alkoholikerin!"

auch 'ne art, sich die kleinen vom hals zu halten

— *Erlangen-Sieglitzhof.*

Eine Gruppe Mädchen im Grundschulalter ist in einem beschaulichen Viertel auf Halloweenstreifzug und plündert die Goldgruben, also die Mehrfamilienhäuser.

Mädchen: „Und jetzt klingeln wir alle durch, nur nicht beim Zahnarzt, der gibt wieder nur Zahnpasta."

die lösung für die schuldenkrise: frag den weihnachtsmann!

— *Leipzig.*

Im Kindergarten gibt es einen Musiktag. Die Kinder dürfen verschiedene Instrumente ausprobieren. Der Kleine kommt begeistert heim.

Sohn: „Mama! Ich kann Geige spielen! Ich möchte eine Geige zu Weihnachten haben."
Mutter: „Eine Geige?! Da leihen wir besser erst mal eine, die sind richtig teuer."
Sohn: „Aber Mama! Deswegen wünsch ich mir die doch zu Weihnachten! Weil dann musst du die nicht selbst bezahlen."

generation twitter

— Erlangen.

Zwei Männer schieben ein Auto, das offenbar nicht anspringt, von der Straße in eine Einfahrt.
Ein Junge (ca. sechs) schaut interessiert vom gegenüberliegenden Bürgersteig aus zu und sagt schließlich zu seiner Mutter:

„Fail!"

ist da schon der wurm drin?

— Mönchengladbach. In einem Kindergarten.

Ein kleiner Junge (ca. vier) sitzt auf dem Boden und schneidet mit einem scharfkantigen Stein einen Regenwurm in zwei Teile. Die Erzieherin sieht es.

Erzieherin: „Julian, das war eine Regenwurmmama und sie hatte Kinder und die sind jetzt schrecklich traurig, weil ihre Mama nicht mehr nach Hause kommt!"

Daraufhin guckt der Junge sie ganz tröstend an.

Junge: „Mach dir keine Sorgen, die warten nicht!"
Erzieherin: „Aha, wieso nicht?"
Junge: „Die hab ich doch auch schon alle getötet, Frau Doblencki!"

baggern statt ackern

— Gießen. In einer Grundschule.

Im Religionsunterricht wird das Thema Maria und Josef behandelt. Die Lehrerin erzählt einiges über die damalige Zeit und auch, dass der Josef von Beruf Bauer war. Auf die Frage, was denn ein Bauer so macht, antwortet das erste Kind:

„... sucht Frau!"

maneater, baujahr 2007

— Köln. Im Zoo.

Ein Mann besucht mit seiner Tochter (ca. drei bis vier) den Kölner Zoo. Die Kleine schaut nicht gerade glücklich. Als ihr Vater ungerührt an ihr vorbeigeht, ruft sie ernst:

„Jetzt darf ich nicht in den Bollerwagen, eben durfte ich nicht auf die Schultern, und das ist Liebe, Papa?"

sie wollte den gorilla, sie bekam den büro-hengst

— Brüssel. Im Büro.

Eine Kollegin nimmt ihre dreijährige Tochter mit ins Büro. Die Kleine schaut sich um und fragt dann enttäuscht:

„Mama, wo sind denn jetzt die ganzen Affen?"

auf das image kommt es an

— Hannover. In einer Tierhandlung.

Meine Freundin und ich stehen vor den Nagetieren mit dem Ziel, einen Hamster für sie zu kaufen. Ein kleines Mädchen und ihre Mutter stellen sich neben uns. Das Mädchen schaut in die Käfige und schreit:

Mädchen: „Iiiiiih, guck mal Mama, eine Ratte!"
Mutter: „Das ist keine Ratte, das ist ein Hamster!"
Mädchen: „Ooooh süüüüüß, Hamster!"

conterganosaurus rex

— Würzburg. Im Tierpark Sommerhausen.

An der Kasse des Sommerhäuser Tierparks steht eine junge Mutter mit ihren zwei Kindern, eines davon, ein Junge (ca. vier), mit Dinosaurier-T-Shirt. Der Tierpark ist eine Einrichtung der Behindertenwerkstätten und so arbeitet an der Kasse ein Mann mit verkürzten Armen. Als der Junge den Kassierer kurz beobachtet, reißt er die Augen auf und schreit:

„Boah, voll cool, schaut aus wie Tyrannosaurus Rex!"

bald gibt's wieder rote soße

— *Niendorf an der Ostsee. Im Restaurant „Medias del Mar".*

Die zwei Kinder am Nebentisch (ca. acht und zwölf) haben beide ein Gericht mit viel Ketchup bestellt.

Kellnerin: „Ich weiß, ihr werdet mich jetzt erwürgen, aber der Ketchup ist alle. (*theatralisch*) Werdet ihr das überleben?"
Kinder: „Ja."
Junge (zur Kellnerin): „Aber Sie nicht."

er hat wohl seine prelife crisis

— *Castiglione della Pescaia (Italien). Auf dem Campingplatz „Maremma Sans Souci".*

Auf dem morgendlichen Weg zum Brötchenholen passiere ich einen Stellplatz, auf dem tags zuvor eine kinderreiche und vom gesamten Outfit und Habitus klar erkennbar alternativ angehauchte Familie mit einem alten VW-Bulli angekommen ist. Vor dem Bulli steht ein kleiner Junge mit einem Stock in der Hand und schreit lauthals wirres Zeug durch die Gegend. Aus dem Bulli ertönt eine sanfte Männerstimme, vermutlich der Müslipapa:

Papa: „Was schreist du denn so rum, findest du das gut?"
Junge: „Nö, eigentlich nicht."
Papa: „Warum schreist du dann so?"
Junge: „Ich muss mich doch ausleben!"

war sie ein mängelexemplar?

— *Rüsselsheim. Postfiliale in der Moselstraße.*

Freitagnachmittag, die Schlange vor den Schaltern ist endlos. Vor mir steht ein Mann mit seinem kleinen, etwa dreijährigen Sohn an. Der Junge wuselt während des Wartens um seinen Vater herum, während dieser hin und wieder sein großes Paket mit dem Fuß weiter nach vorne schiebt. Als die beiden schließlich an der Reihe sind und der Vater das Paket hochhebt, fragt der Kleine seinen Papa:

„Ist da meine Mama drin?"

klein sigismund fährt bahn

— *München. In der S-Bahn.*

Ein Mann und sein ca. sechsjähriger Sohn nehmen in der S-Bahn Platz. Der Sohn setzt sich ans Fenster und betrachtet die zerkratzten Scheiben.

Sohn: „Papa, warum sind die kaputt?"
Vater: „Das haben Jugendliche zerkratzt."
Sohn: „Warum haben die das gemacht?"
Vater: „Weil die dumm sind."

Der Junge betrachtet das Fenster und denkt einige Zeit offenbar angestrengt nach.

Sohn: „Ich glaub', die können bloß nicht sagen, was ihnen fehlt."

weil es mit socke noch doofer aussähe?

— München. In einem Straßencafé in der Leopoldstraße.

Ich, stolzer Träger einer Glatze, sitze im Café und lese Zeitung. Mir gegenüber sitzt eine hübsche Mutti mit Sohn (ca. drei). Der Sohn schaut immer zu mir und stellt nach einiger Zeit die entscheidende Frage:

„Du Mutti, warum ist der Mann da oben barfuß?"

vater-sohn-tag im baumarkt

— Reutlingen. In einem Baumarkt.

Am Regal mit den Bohrmaschinen sitzt ein kleiner Junge auf einem Karton, während der Vater die Bohrmaschinen studiert.

Junge: „Papa, bist du bald fertig?"

Keine Antwort. Nach einer Weile:

Junge: „Papa, kommst du jetzt?"

Wieder vergeht Zeit.

Junge: „Papa, wann gehen wir?"
Eine andere Kundin zum Jungen: „Gell, das ist langweilig?"
Vater (dreht sich um): „Der soll froh sein, dass ich mir heute extra Zeit für ihn genommen habe."

bitte nicht auspressen!

– Leutkirch.

Ich bin mit meiner kleinen Schwester (vier) im Garten und schaue die Blumen an. Als ein Zitronenfalter vorbeifliegt, brüllt sie auf einmal los:

„MAAAMAAA! Schnell! Da fliegt ein Orangensaftschmetterling!"

alle jahre wieder

– Gifhorn. Zu Hause.

Weihnachten. Die ganze Familie hat sich bei Oma versammelt. Langsam brechen alle auf, um nach Hause zu fahren.

Oma: „Jetzt habe ich doch kein Bild mit meinen ganzen Kindern gemacht!"
Enkelin (vier): „Ach Oma, bald ist doch wieder Weihnachten."
Oma: „Das Jahr muss ich erst mal überleben!"
Enkelin: „Das sagst du jedes Jahr und du bist trotzdem immer wieder da!"

mit viel glück gibt's 'nen kreislaufkollaps zu sehen

— *Dortmund-Wischlingen. In der Sauna.*

Ein Mann kommt mit seinem Sohn (ca. vier) in die große, gut gefüllte Blockhaussauna. Für den Jungen ist das offensichtlich der erste Saunabesuch. Beide setzen sich auf die unterste Stufe, der Junge sieht sich um.

Nach ein paar Minuten Stille:

Sohn: „Papa?"
Vater: „Ja?"
Sohn: „Worauf warten wir?"

die mieze hat den tiger im tank

— *Suhl.*

Ich bin mit einer Freundin und ihrer Tochter (vier) bei einer Bekannten zu Besuch. Meine Freundin hält, anders als die Bekannte, keine Katzen und so ist es für die Kleine umso spannender, als sie erklärt bekommt, wie man Katzen streichelt und was ihnen gefällt.

Etwas später ein Heulen aus dem Nebenzimmer. Wir schnell rüber, die Kleine schaut uns mit großen verweinten Augen an und sagt:

„Mama! Ich hab den Motor angemacht und er geht nicht mehr aus!"

100-meter-lauf, finnische variante

— *Altenau. In der Brocken-Therme.*

Eine junge Mutter geht mit ihrem Jungen (ca. fünf) in die 80°C-Sauna. Sie setzen sich beide auf die unterste Stufe und so nach höchstens zwei Minuten meint das Kind:

Junge: „Mir ist so langweilig."
Mutter: „Hm…dann lauf ein wenig um den Ofen."

Der Junge steht auf und läuft los – nicht zu schnell, aber auf jeden Fall ist es schneller als Gehen. So geht das einige Zeit lang, bis er bedrohlich ins Schwanken gerät.

Junge: „Mama, mir geht's nicht gut."
Mutter: „Ach was – wir bleiben auch nur noch ein paar Minuten hier…"

der heilige unfall?

— *Heilbronn. In einer Kirche.*

Ein dreijähriger Knirps ist wohl zum ersten Mal in der Kirche. Sichtlich erschüttert betrachtet er mit großen Augen den fast lebensgroßen Jesus am Kreuz.

Kind: „Papa, wer ist das?"
Vater: „Das ist der Jesus."
Kind: „Ach du grüne Neune! Wie ist denn das passiert?"

seine ersten worte waren …

— Essen. In der Straßenbahnlinie 18, an der Hobeisenbrücke.

Eine recht attraktive Mutter sitzt mit ihrem Sohn (ca. drei) in der Bahn. Den beiden gegenüber ein Straßenbahnfahrer beim Dienstwechsel.

Sohn: „Mama, wer ist das?"
Bahnfahrer: „Ich bin ein Bahnfahrer. Und wer ist die nette Frau neben dir?"
Sohn: „Das ist Porno Bunny!"

die dinge beim namen nennen

— Bamberg. In einem Supermarkt.

Eine Mutter und ihr dreijähriger Sohn kaufen an der Wursttheke ein. Nachdem alles eingetütet und verpackt ist, fragt die Verkäuferin, ob der Sohn gerne eine Scheibe Fleischwurst hätte. Der Junge nickt schüchtern und bekommt die Scheibe Wurst. Die Mutter bedankt sich und sieht ihren Sohn erwartungsvoll an:

Mutter: „Und? Wie sagt man?"
Sohn (überlegt kurz): „Wurst."

heute: rabenmutter leicht gemacht

— Leverkusen. Stadtteil Schlebusch.

Im Supermarkt. An der Wursttheke wird vor mir eine Mutter mit ihrem kleinen Sohn bedient.

Verkäuferin: „Eine Scheibe Fleischwurst für den Kleinen?"
Mutter: „Nein danke, er isst keine Wurst."
Sohn (nörgelnd): „Ich will aber Wuuuhuuurst!!"

Die Mutter guckt leicht gequält und schüttelt den Kopf, aber die Verkäuferin reicht dem Kleinen trotzdem eine Scheibe Fleischwurst. Der Junge beißt rein, verzieht angewidert das Gesicht, hält seiner Mutter die Wurstscheibe hin:

Sohn: „Ich mag das nicht."

Sie schaut leicht verzweifelt um sich und nimmt augenrollend die Wurst entgegen. Sie dreht und wendet das Scheibchen hin und her und man kann sehen, wie es in ihr arbeitet: Wohin bloß mit der Wurst? Also steckt sie sich leicht widerwillig die Fleischwurst in den Mund und kaut zögerlich.

Sohn (lautstark durch den ganzen Laden brüllend): „Meine Mama isst mir meine Fleischwuuuuuhuuuuurst weg!!!"

der ernährer muss überleben

— *Neumünster. Am Bahnhof.*

Ein kleiner Junge (ca. sechs bis sieben) wartet neben seinem Vater stehend auf den Zug. Der Kleine tritt an die Grenzlinie am Bahnsteig vor.

Junge: „Bis hierhin darf man und nicht weiter!"

Zwei Minuten später wird durchgesagt, dass der Zug gleich einfährt. Der Vater des Jungen geht einen Schritt nach vorne.

Junge: „Nein! Papa, geh weg! Ich will nicht, dass du zerfetzt wirst!"

(kurze Pause und etwas leiser)

Junge: „Nur die anderen."

stuttgart 21 bricht kinderherzen

— *Stuttgart. Im Schlossgarten.*

Demo vor dem Bauzaun von Stuttgart 21. Ein Vater steht neben seinem Sohn (ca. vier). Das Kind weint bitterlich, der Vater versucht, es zu beruhigen.

Vater: „Nein, die meinen nicht dich. Die rufen ‚Mappus raus', nicht ‚Markus raus'."

standardfrisur bieberkopf

— *Bremen. In einem Friseursalon.*

Junge (ca. 13) sitzt auf dem Frisierstuhl.

Friseurin: „Na, wie hättest du's denn gerne?"
Junge: „Keine Ahnung, irgendwas halt."
Friseurin: „Also so wie Justin Bieber."
Junge (läuft rot an): „Ja, äh, genau so."

selbst ist die schuhputzfrau

— *Essen. In der Zeche Zollverein.*

Vor mir steht eine Familie (Papa, Mama, kleiner Junge und kleines Mädchen) auf der Rolltreppe. Das Mädchen (ca. vier) drückt ihren Fuß gegen die „Bürste" an den Stufen der Rolltreppe. Sie dreht ihren Fuß in alle möglichen Richtungen und stellt ihn dann ab.

Mädchen (mit einem zufriedenen Lächeln): „So. Schuhe putzt."

Dann schaut sie zu ihrer Mutter hoch und wieder auf ihre Schuhe.

Mädchen (trocken): „Macht ja sonst keiner."

der todesbote von icking

— Icking. In der S6 zwischen Icking und Ebenhausen.

Ein Junge (ca. fünf) und sein Vater steigen in die S-Bahn ein. Eine ältere Dame sitzt den beiden gegenüber. Der Junge sieht sich die Dame eine Weile interessiert, aber schweigend an. Endlich fängt er an zu reden.

Junge: „Du stirbst bald."

der feine unterschied zwischen rasur und intimrasur

— München. In einem Kindergarten.

Gespräch zwischen einem kleinen Mädchen (ca. vier) und einem Erzieher auf dem Flur. Die Mutter ist gerade zum Abholen gekommen.

Mädchen (zum Erzieher): „Warum hast du da Haare im Gesicht?"
Erzieher (leicht verwundert): „Das ist mein Bart."
Mädchen: „Warum?"
Erzieher: „Weil ich heute Morgen vergessen hab, mich zu rasieren."

Eine kurze Pause, in der das Mädchen überlegt, kurz zu seiner Mutter sieht, schließlich nickt und mit wissender Miene sagt:

„Meine Mama rasiert sich auch immer die Vagina."

das traurigste kinderzimmer der welt

— *Osnabrück. Im Zoo.*

Ein kleiner Junge steht neben seinem Vater am Zooausgang.

Junge: „Papa, Papa, darf ich den Stein mitnehmen?"
Vater: „NEIN! Du hast schon einen Stein zu Hause!"

nachhilfe vom büromäuschen?

— *Wiesbaden. In einem Büro.*

Meine Tochter (acht) kommt nach der Schule zu mir ins Büro, um dort ihre Hausaufgaben zu machen. Ich bin in einer Sitzung. Als ich fertig bin, kommt sie, um mich ihre Sachkundehausaufgaben zum Thema „Meerschweinchen" kontrollieren zu lassen. Es handelt sich um eine Art Steckbrief.

Bei „Lebenserwartung" steht: „Freunde, spielen, großer Käfig".

Als ich versuche, ihr zu erklären, dass damit gemeint ist, wie alt Meerschweinchen normalerweise werden, ist sie außer sich:

„MENNO, dabei habe ich extra deine Kollegin gefragt, und die sagte, damit ist gemeint, was Meerschweinchen so vom Leben erwarten!"

wann ist ein kind ein mann?

— *Hamburg. Am Hammer Steindamm.*

Papa und Sohn (ca. sechs) gehen die Straße lang. Der Sohn fällt über die Bordsteinkante und legt sich mit der Nase zuerst auf den Boden, steht wieder auf und fängt an zu weinen.

Papa: „Jetzt sei mal ein Mann und hör auf zu weinen!"
Junge (stampft wütend wie Rumpelstilzchen auf): „Ich bin ein kleiner Junge und kein alter Mann wie du, ich weine, wenn ich will!"

statt stuhlgang spießrutenlauf

— *Im ICE. Fahrt von Münster nach Stuttgart.*

Im Großraumabteil sitzt eine Familie mit zwei Kindern. Plötzlich steht der Papa wortlos auf und will rausgehen. Der Kleine ruft ihm hinterher:

„Wo gehst du hin?"

Papa geht zurück, flüstert ihm etwas ins Ohr und macht sich wieder auf den Weg. Der Kleine schreit daraufhin quer durch den Wagen:

„Pipi oder Bolle?"

sehr formal mit vier

— Zürich. Im Zoo.

Ein Junge (ca. vier) ist mit seinem Vater auf der Toilette. Nachdem sie aus der Kabine herauskommen, dreht sich der Junge zu seinem Vater um und sagt:

„Danke für deine Unterstützung!"

Kollegen bashen kann sich rächen

— Rab (Kroatien). Auf der Straße.

Ich bin mit meiner dreijährigen Tochter unterwegs und entdecke ungefähr 100 Meter entfernt einen Kollegen. Ich sage zu ihr:

„Du, da vorne ist ein Kollege von mir, einer, der mit mir zusammen in der Firma arbeitet."

Wir kämpfen uns durch die dichtbevölkerte Fußgängerzone zu meinem Arbeitskollegen. Er entdeckt mich auch, wir begrüßen uns sehr freundlich und dann möchte ich meiner Tochter den netten Herrn vorstellen.

„Schau mal, das ist ein Kollege von mir, mit dem arbeite ich jeden Tag in der Firma."

Meine Tochter laut vernehmlich:

„Ist das auch ein Arschloch?"

germany's next kindermodel

— *Freiburg. Im Zähringer Park.*

Auf dem Weg aus dem Park höre ich plötzlich eine Stimme von einem Spielplatz her und drehe mich danach um. Ein kleiner Junge stolziert durch den Sandkasten und singt lautstark:

„I'm sexy and I know it!"

in dieser wg geht's ab

— *Potsdam. In einer Kirche.*

Eine Führung durch die Kirche für eine Kindergartengruppe. Ein Mädchen (ca. vier) flüstert einer Erzieherin zu:

„So ein Quatsch mit dem Gott. Weiß doch jeder, dass im Himmel nur der Weihnachtsmann und die Zahnfee wohnen…"

ob mr. right schon zähne hat?

— *Landsberg. In einer Eisdiele.*

Eine Mutter sitzt mit ihrer Tochter (ca. fünf) beim Eisessen. Das kleine Mädchen schaut verträumt in die Ferne und fragt dann die Mutter unvermittelt:

„Mama, was glaubst du, ob mein zukünftiger Ehemann wohl schon lebt?"

von den verbotenen früchten genascht

— Rheda-Wiedenbrück. In der Bahnhofstraße.

Ich bin mit meinem Sohn (vier) im DM-Markt einkaufen. An der Kasse ist eine lange Schlange, mein Sohn geht auf Entdeckungsreise. Er kommt mit einer Packung Kondome mit Fruchtgeschmack auf mich zu und ruft durch den ganzen Laden:

„Mama, die nehmen wir mit, die sind gesund, die sind mit Obst!"

da hilft nur ein wunder

— Marburg. An der Kirche St. Marien.

Der Fremdenführer erzählt über das sehr schiefe Dach der Kirche:

„Und man sagt, dass das Turmdach erst wieder gerade wird, wenn eine Studentin ihr Studium mit einem Doktor abschließt und als Jungfrau nach Hause zurückkehrt."

Ein Kind aus der Menge: „Das geht doch gar nicht!"

ob das die ältere schwester auch öfter spielt?

— *Im Unterallgäu.*

Im Garten spielen zwei Mädchen (beide ca. sieben). Der kleine Bruder (ca. vier) will auch mitspielen. Darauf die große Schwester:

„O.k., du bist der Polizist und wir sind in der Disco. Und du musst uns da rausholen, weil wir sind ja noch keine 18!"

die realität kann verdammt wehtun

— *Celle. Auf einem Kinderspielplatz.*

Ein kleiner Junge (ca. vier) steht auf dem Kletterturm und stemmt die kleinen Arme wütend in die Hüften. Dann macht er seinem Ärger Luft und schreit laut zu seiner Mutter herüber:

„MAMA!!! Die anderen Kinder wollen nicht mit mir spielen, dabei bin ich doch so niedlich!"

unchain my fitness

— *Cuxhaven. An der Strandpromenade.*

Ein Junge (ca. drei) und seine Eltern laufen an der Cuxhavener Strandpromenade entlang. Ein Jogger (ca. 40) kommt ihnen entgegen. Der Junge stupst seinen Vater an und sagt:

„Papa, guck mal, da kommt ein Joe Cocker!"

familientag? nein danke!

— *Duisburg. Im Zoo.*

Ein Mann, eine Frau, ein Junge (ca. sechs) stehen an der Kasse. Die Frau kauft eine Familienkarte.

Junge (zur Kassiererin): „Ich wollte nur sagen, der Mann hier von meiner Mama ist nicht mein Papa. Zum Glück!"

die sani-täter von golgotha

— *Minden.*

Wir spielen ein Kinder-Wissensquiz mit meiner vierjährigen Tochter.
Die Frage lautet: „Was macht das Deutsche Rote Kreuz?"

Meine Tochter (nach kurzer Denkpause): „Jesus ans Kreuz nageln!"

einkaufing?

— Bergkamen. In der Schule, 10. Klasse.

Die Schüler sollen als Vorbereitung auf die zentrale Abschlussprüfung einen kleinen Text auf Englisch über ihre Hobbys und Freizeitbeschäftigungen schreiben.

Schüler: „Was heißt denn Shoppen auf Englisch?"

DIE VERSPRECHER – „WAS HEISST DENN SHOPPEN AUF ENGLISCH?"

Vor gar nicht allzu langer Zeit glich die deutsche Sprache mit ihren Akzenten, Dialekten und den im Duden festgehaltenen Regeln einem großen, aber doch überschaubaren Planschbecken. In den letzten Jahren jedoch tummeln sich im Swimmingpool der deutschen Sprache immer mehr Neuankömmlinge aus dem Englischen, der Informatikersprache, und neuerdings auch diejenigen, die in weiten Bermudashorts und engen Bikinis in „Checkerdeutsch" kommunizieren (siehe "Die Checker"). Einige kommen dabei noch mit Genitiv, Anglizismus und Rechtschreibreform zurecht, doch nicht wenige ziehen sich lieber ins verbale Nichtschwimmerbecken zurück. Dort, in den Untiefen der deutschen Sprache, wimmelt es von Versprechern, Missgeschicken und Peinlichkeiten. Vom Beckenrand aus lauschen die linguistischen Bademeister und amüsieren sich köstlich über diejenigen, die das Seepferdchen in Deutsch noch vor sich haben – oder nie machen werden. Zum Glück gibt es sie noch, diese wachen Freischwimmer und Perlentaucher der deutschen Sprache. Denn sie sind es, die ihre Belauschnisse hier mit uns und Ihnen teilen. Vor Ihnen liegen 62 der besten Versprecher von *belauscht.de*.

sie merkt es gar nicht mehr

— *Putgarten. In einer Bungalowsiedlung.*

Wir sitzen beim Frühstück draußen. Die Nachbarn auch, nur deren Kind rennt schreiend um den Bungalow herum. Als es der Mutter zu viel wird, brüllt sie dem Kind hinterher:

„Komm sofort hierher, sonst droh ich dir!"

dr. faust reborn

— *München. In der U5, Neuperlach Süd.*

Zwei Checker (ca. 16) unterhalten sich über eine zurückliegende Auseinandersetzung.

#1: „…ja krass Alter! Und dann hast du ihm einfach Faust gegeben?"
#2: „Ich schwör. Was hätt' ich machen sollen, der hat mich schon den ganzen Abend promoviert!"

ohne füße fällt der ausstieg schwer

— *Wolfratshausen. Im Krankenhaus.*

Patient zur Jungärztin: „Wissen's Frau Doktor, seit der Amputation vom Bein kann i kaum no schlafn, ich hab so an hundsgemeinen Atomschmerz wo früher der Fuaß woa!"

nicht jeder stuhl hat vier beine

— *Würzburg. Beim Zahnarzt.*

Die Patientin kommt aus dem Behandlungszimmer. Die Arzthelferin tritt ihr aufgeregt entgegen.

Arzthelferin: „Und wie war der Stuhl?"
Patientin (etwas schüchtern): „Äh wie, muss ich das hier auch sagen? (*zögert*) Na ja, morgens manchmal etwas dünn."
Arzthelferin: „Nein, nein, nein... der neue Behandlungsstuhl mit Massagefunktion."

wir können alles außer...

— *Istanbul. Flughafen, beim Check-in.*

Turkish-Airlines-Schalter sind immer für alle Turkish-Airlines-Flüge gemeinsam geöffnet, daher müssen die Reisenden sagen, wo sie hinfliegen, um einchecken zu können.
Ein Pärchen um die 50, das nach Stuttgart fliegt, kommt an den Schalter.

Mitarbeiterin: „Where do you go?"
Frau (im breitesten Schwäbisch): „Sturrgarrt."
Mitarbeiterin: „What? Where do you go?"
Frau (versucht deutlicher zu sprechen): „Sturr-garrt!"
Turkish-Airlines-Mitarbeiterin (genervt): „I don't understand! Where do you go?!"
Frau (jetzt schreiend): „MIR FAHRET NACH STURRGARRT!"

...weil sich dreck martin nicht so gut anhört?

— *Münster. Im Bus.*

Ein Pärchen (Anfang 20) steigt in den Bus und setzt sich in die letzte Reihe, er Typ Macho.

Ansage: „Nächster Halt: Sankt Antonius Kirche."
Er: „Wieso eigentlich immer Sand?"
Sie: „Keine Ahnung! Warum?"
Er: „Ja Mann. Alle Kirchen haben so ein Sand davor!"
Sie: „Ja und?"
Er: „Ja, warum immer Sand – und nicht Erde oder Dreck?"

here is die guest das könig

— *Haddeby. Am Campingplatz mit Imbiss.*

Ein Campinggast hat sich zwei Bier genommen und auf den Tresen gestellt. Er fragt zusätzlich auf Englisch:

„Can we use our tent to stay here overnight?"

Bedienung (scheinbar ohne Englischkenntnisse): „MACHT ZWEI EURO FÜNFZICK!"
Gast: „Excuse me, I wanted to know if I can stay here or if it is full!"
Bedienung: „I SAY IT MACHT ZWEI EURO FÜNFZICK!"
Gast (in gebrochenem Deutsch): „Entschuldigen kann ich hier auch bleiben?"
Bedienung: „Yes you können in the Imbiss aber after 22 Uhr ist Siesta!"

so unterschiedlich ist die weltanschauung

— *Düsseldorf. In der U-Bahn.*

Vater, Mutter und Kind.

Kind: „Was ist ein Messie?"
Mutter: „Das ist ein Mensch, der nichts wegwerfen kann."
Gleichzeitig der Vater: „Das ist ein Fußballspieler."

untoter im bücherladen

— *Hannover. In einer Buchhandlung.*

Ein Kunde betritt die Buchhandlung, sieht sich kurz um und fragt dann eine Kollegin:

„Haben Sie auch Ratgeber zum Thema ‚Wie pflege ich mein Grab'?"

soko ringelkatze

— *Augsburg. Im Radio.*

In den Medien kursiert die Nachricht über einen freilaufenden Tiger, der in Augsburg gesichtet worden sei. Auf Radio Bayern 5 wird gemeldet:

„Zwischenzeitlich sucht die Polizei mit Streifen nach dem Tiger."

eine ausrede für alle fälle

— *Hanau. Im Gymnasium, 13. Klasse.*

Ein Schüler erscheint zu spät zum Deutschunterricht in der ersten Stunde.

Schüler: „Entschuldigung, ich bin zu spät wegen dem Wetter."
Lehrer: „Wegen?"
Schüler: „Wegen dem Wetter."
Lehrer: „Wegen?"
Schüler: „Ja, wegen dem Wetter. Es hat geschneit und da ist der Bus so langsam gefahren."
Lehrer: „Wegen DES WETTERS, verdammt!"

... deswegen dieser schreckliche satansbraten von nebenan!

— *Gütersloh.*

Beim Small Talk auf einer Geburtstagsfeier, irgendwann geht es um Religion.

#1: „Also mein Mann ist evangelisch und ich bin katholisch, gibt aber da keine Probleme."

Daraufhin meint die Nachbarin erhobenen Hauptes:

#2: „Also, wir sind Antichristen! Ich bezahl doch keine Kirchensteuer!"

so hat ihn wohl noch keiner genannt

— Stuttgart. In der Schlange vor einer Diskothek in der Theodor-Heuss-Straße.

Ein Freund und ich warten in der Schlange vor einer Diskothek. Mein Freund nimmt eine Zigarette aus der Schachtel und fragt den Jungen vor ihm, Typ Gangster, nach Feuer.

Freund: „Entschuldigung, hast du vielleicht Feuer für mich?"
Gangster: „Ey, was willst du? Hast du ein Problem, ich schwör, ich mach dich kaputt, Alda."
Freund: „Hä, ich wollt doch nur Feuer?"
Gangster: „Pass auf, ey, pass auf, wie du mit mir redest!"
Freund: „Is ja gut, komm, auf dein Niveau lass ich mich nicht herab."
Gangster: „HAST DU MICH GRAD NIVEAU GENANNT?"

solange sie nicht twittern will …

— Frankfurt am Main. Im Bus.

Zwei Mädels Anfang 20 unterhalten sich. #2 studiert offensichtlich nicht in Deutschland. Sie sind beim Thema Auslandskosten für das Telefonieren.

#1: „Na, zum Glück gibt es Skype. Hat das deine Mutter?"
#2: „Schon. Meine kleine Schwester hat es ihr neulich installiert. Aber die Begriffe scheinen sie zu verwirren. Sie schreibt mir immer eine E-Mail mit dem Betreff ‚Lass uns mal googeln!'"

offen für neues...

– *Modello (Sizilien). Am Strand.*

Eine andere deutsche Familie sitzt neben uns am Strand und ist am Zusammenpacken – der Vater plant schon weiter.

Vater: „Wohin wollen wir jetzt essen gehen?"
Tochter: „Ich hab da vorhin so ein Restaurant gesehen, da sah es lecker aus!"
Vater: „Wie hieß es denn?"
Tochter: „Ich glaube es hieß ‚Aperto'!"

zu viel information

– *Heidenheim. Im Krankenhaus.*

Bei der Stationsaufnahme geht die Krankenschwester mit dem Patienten das obligatorische Protokoll durch.

Schwester: „Haben Sie Allergien?"
Patient: „Nein."
Schwester: „Haben Sie regelmäßig Stuhlgang?"
Patient: „Ja."
Schwester: „Hatten Sie heute schon Stuhlgang?"
Patient: „Ja."
Schwester: „So, jetzt brauche ich noch Größe und Gewicht."
Patient: „Vom Stuhlgang?"

falscher kunde, falsche frage

— *Neunkirchen/Saar. An einer Tankstelle.*

Ein Kunde (#1) kommt in die Tankstelle und fragt den Kassierer, ob er den Schlüssel zur Toilette bekommen könnte. Der Kassierer übergibt ihm den Schlüssel und wendet sich einem anderen Kunden (#2) zu.

Kunde #2: „Ich hätte gerne ein Päckchen Marlboro."
Kassierer: „Groß oder klein?"
Kunde #1 (dreht sich noch mal um): „Äh, eigentlich muss ich nur klein."

da tut der duden not

— *Wuppertal.*

Es ist bald Weihnachten. Meine Mutter sitzt im Wohnzimmer und liest Zeitung, mein Vater rennt durch die Wohnung und sucht irgendwas.

Er (im Vorbeigehen): „Schatz, was schenken wir denn eigentlich der Mutti?"
Sie (ohne aufzublicken): „DUDEN."
Er (überrascht): „Was denn – ICH DENN?"

Er hat das Zimmer bereits verlassen, sie blickt nach kurzer Pause auf und murmelt irritiert:

„Wieso ER DENN?"

teuflische ansage

— Im Radio.

Während einer Sportsendung im SWR 3. Der Papst weilt gerade in Deutschland. Die Moderatorin kommentiert die regionalen Vereine:

„Die Freiburger können froh sein, dass sie auswärts spielen, denn der Papst ist heute in Freiburg und dort ist heute *(stockt kurz)* ... die Hölle los."

essen: typisch deutsch, reaktion: typisch japanisch

— Paderborn.

Ein Deutscher sitzt mit acht Japanern an einem Tisch in einem bürgerlichen Restaurant. Mit den Getränken bringt der Kellner einen kleinen Gruß aus der Küche.

Kellner: „Hier ein kleiner Gruß aus der Küche: Ein Jägerschnitzel in der Dose."
Mann: „Oh, vielen Dank!"

Die Japaner gucken verwirrt.

Mann: „That's a ... a ... a Hunterschnitzel in the Dose!"
Japaner: „Ooh! Ahaaa! Yes!"

meinte er vielleicht gebäudeversicherung, gebirgsverein oder generalversammlung?

– *Recklinghausen. In einem Großraumbüro.*

Eine Arbeitskollegin und ein Arbeitskollege, die beiden sind seit Kurzem zusammen, beschäftigen sich mit seinem Handy. Er tippt einen Text ein, den sie daraufhin liest.

Sie (für alle gut vernehmbar): „Was bedeutet denn ‚GV'?"

Er bedeutet ihr mit hochrotem Kopf und gestenreich, dass er ihr das nicht laut sagen möchte.

Sie (verständnislos): „Dann schreib's mir doch auf!"

Er schreibt es auf.

Sie (errötet ebenfalls): „Oh."

Beide wenden sich peinlich berührt ab und arbeiten weiter.

die eierlegende wollmilchsau war ausverkauft

– *Berlin. Hauptbahnhof.*

Eine Frau bestellt an der Theke eines Bäckers.

Kundin: „Ich hätte gern einen Chicken-Beagle!"
Verkäuferin: „Was soll'n das sein, 'n Hund mit Federn? So was hamwa hier nich!"

guter duft, schlechtes deutsch

— Frankfurt am Main. Auf der Zeil.

In einer Apotheke. Während ich auf meine Frau warte, die gerade bezahlt, betrachtet eine Gruppe Amerikaner einen Warenständer mit Badezusätzen. Eine Frau aus der Gruppe nimmt einen der Badezusätze vom Ständer und fragt ihre Begleiter erstaunt und leicht entsetzt:

„Bad aroma! Who would want to buy that?"

sie hört nur auf dem rechten ohr

— Potsdam. Im Media Markt.

Eine ältere Dame geht zu einer Mitarbeiterin.

Ältere Dame: „Entschuldigen Sie, ich suche für meinen Enkel eine CD. So eine Mix-CD. Wo haben Sie so was?"
Mitarbeiterin: „Was suchen Sie denn genau für eine Mix-CD?"
Ältere Dame: „Neger-Hits 12."
Mitarbeiterin (entsetzt): „Sie meinen doch wohl ‚Mega-Hits'?"
Ältere Dame: „Nein, nein, ‚Neger-Hits'. Das hab ich mir so aufgeschrieben!"

Die Mitarbeiterin schüttelt den Kopf und führt die alte Dame in die R'n'B-Abteilung.

der vergleich hinkt

— *Bad Neuenahr. In einer Bar.*

Zwei Männer unterhalten sich über Hobbys und Freizeit.

#1: „Fußball ist mir wichtig, wichtiger wie vieles andere. Ich weiß nicht, zum Beispiel…"
#2: „Wichtiger wie Grammatik?!"
#1: „Ja genau, Fußball ist mir wichtiger wie Grammatik!"

absurd alaaf?!

— *Bonn. Im Baumarkt an der Kasse.*

Kassiererin: „Danke für Ihren Einkauf und schönes Tra-la-la noch."
Kunde: „Tra-la-la?"
Kassiererin: „Ist doch viel besser als ‚schöne Karnevalszeit'. Das klingt wie eine Beerdigung."
Kunde: „Na, dann wünsche ich ein schönes Ram-tam-tam!"

gutes marketing

— *Soltau. Im Vogelpark Walsrode.*

Ein Mann steht mit seinem Sohn vor der Voliere mit dem Auerhahn. Der Sohn zu seinem Vater:

„Guck mal Papa, ein Hasseröder!"

deutsche sprache, schöne sprache?

— *São Paulo (Brasilien). In einem Hostel.*

Ein Australier betritt das gemischte Badezimmer des Hostels, in dem sich bereits ein deutsches Pärchen befindet und sich unterhält. Im Eingang bleibt der Australier stehen.

Australier (besorgt): „Hey guys, why are you fighting?"
Deutscher (gelassen): „No, we're just speaking German."

die auswahl ist groß

— *Kassel. Beim Saturn im „City Point".*

Eine Frau läuft suchend an den CD-Regalen entlang, bis sie von einem Mitarbeiter angesprochen wird.

Mitarbeiter: „Guten Tag, kann ich Ihnen weiterhelfen?"
Frau: „Ja, das wäre nett. Meine Tochter wünscht sich eine bestimmte CD zu Weihnachten. Den Titel weiß ich nur nicht mehr genau … irgendwas mit ‚Best of'."

diese zahl ist ein echter zungenbrecher

— *Ludwigshafen. Im Restaurant „Hemingway's".*

Es geht um die Bestellung. Da die Speisen meist spanische Namen haben, ist ein Gast sich nicht sicher in der Aussprache.

Gast: „Bevor ich das falsch ausspreche, zeig ich lieber drauf."
Bedienung: „Ah o.k., die 62."

vorher rauchte sie die blauen gauleuses

— *Hamburg. In einem U-Bahn-Kiosk.*

Kundin vor den Zigaretten.

Kundin: „Einmal die Wuuuusch bitte!"
Verkäufer: „Wie bitte?"
Kundin (zeigt auf ihre Marke): „Wuuuuuusch!…Na, die roten da hinten!"
Verkäufer (immer noch etwas verwirrt): „Die hier? VOGUE?"
Kundin: „Ja, genau. Wuuuuuusch!"

machen gigabyte dick?

— *Siegen. Im Karstadt.*

Ein Ehepaar (beide um die 45) betritt das Kaufhaus.

Er: „Gehen wir erst mal zu den Festplatten."
Sie (völlig gereizt): „Hä? Ich denk, wir wollten zu den Computern und danach in die Kosmetikabteilung! ICH WILL NICHTS ESSEN!"

get big in big apple

— *New York. In einem McDonald's.*

Ein Kunde aus Österreich möchte noch eine Cola bestellen.

Österreicher: „I'd like to have a big cock!"
Verkäuferin: „I guess you'd like to have a LARGE COKE, not a BIG COCK."

vamos a la puta?

— *Auf dem Flug von Amsterdam nach München.*

Eine Niederländerin spricht mit einem jungen Touristen aus Südamerika über die Niederlande, wo er war, usw.

Sie: „ … and did you like the beaches?"
Er (in schlechtem Englisch): „I don't like bitch, do no pay for it."

englisch lernen mit WHAM!

– Duisburg. An einer Total-Tankstelle.

Ich stehe an der Kasse an, um meine Tankfüllung zu bezahlen. Vor mir spricht ein ausländischer Kunde die Kassiererin auf Englisch an. Sie ist sichtlich überfordert, nickt und nimmt das Geld entgegen. Als der Mann sich umdreht, ruft sie ihm noch hinterher:

„Goodbye and I wish you a last Christmas!"

deutschland deine denker

– Lüneburg.

Eine ältere Frau und ihr Enkel gehen an einem anatolischen Restaurant vorbei. Der Junge entziffert mühsam den Werbespruch am Schaufenster und liest laut:

„Alle Tage Dönerstag."

Frau: „Das heißt Donnerstag. Das sind Türken, die können kein richtiges Deutsch."

diese schule kann man nur schwänzen

— *Herne. Im Büro einer Schule.*

Sekretärin: „Der Kevin Müller kommt heute nicht zum Unterricht. Seine Mutter hat gerade ganz verzweifelt angerufen. Der ist von zu Hause ausgerissen und wohnt jetzt bei Lesben."
Lehrerin (ungläubig): „Bei Lesben?"
Sekretärin (ratlos): „Tja, ich weiß auch nicht, ich kenn nur Elspe im Sauerland."

sieben milliarden menschen leiden darunter

— *Berlin. Prinzenstraße.*

In der U-Bahn treffen sich zwei junge Männer, die sich offensichtlich kennen.

#1: „Ey, Alter, so'n Zufall. Wo kommst du denn her?"
#2: „Ich komm gerade von 'ner Therapie und fahr jetzt nach Hause."
#1: „Was haste denn? Rücken?"
#2: „Nee, Verhalten."

freudsche verhörer – heute: die anale phase

— *Kirchheim. Im Hotel Seepark.*

Während eines Fortbildungsseminars. Zwei Teilnehmer – sie im Business-Kostüm, er im Anzug – unterhalten sich am Ende des Seminars auf dem Hotelflur.

Sie: „So, wenn ich im Zimmer bin, werde ich erst mal packen."
Er: „Wow! Endlich mal eine Frau, die es ausspricht!"
Sie: „Was denn? Packen?"
Er: „Äh, ach so, ich habe kacken verstanden."

sein schuss ging nach hinten los

— *Mannheim. In der S-Bahn.*

Ein dümmlicher Typ (ca. 18) baggert ein etwas älteres Mädchen an. Nach einigem Hin und Her stellt sich heraus, dass sie gerne singt.

Er: „Ey geil, ich sing auch, Mann. Dann lass uns mal was zusammen singen!"
Sie: „Wie, willst du jetzt'n Duett machen?"
Er: „Hä, bissu Cowboy oda wat?"

krosses missverständnis

— *Bei einem Bäcker in der Steiermark.*

Eine deutsche Kundin kauft Brötchen.

Kundin: „Ich hätte gerne zwei Brötchen, aber bitte schön kross!"
Verkäuferin: „Bei uns san alle Semmeln gleich groß!"

ihr englisch liegt auf der intensivstation

— *Düsseldorf. Vor einem Club.*

Zwei Engländer unterhalten sich mit ein paar Mädels. Es geht um die Berufe der Anwesenden.

Sie: „I'm a sister."
Er: „What?"
Sie: „Yes, I'm working in a hospital."

als ob die nicht schon genug probleme hätten

— *Im Fernsehen.*

Am Wochenende, an dem der Papst Deutschland besuchte, in einer Nachrichtensendung:

„In der Nähe des Veranstaltungsortes feuerte ein Mann mit einem Luftgewehr auf Sicherheitsleute, der Papst selbst traf Missbrauchsopfer."

ein name zum nach hause gehn

– *Frankfurt am Main.*

Der neue Chef stellt sich seinen Mitarbeitern auf der Neujahrsfeier der Firma persönlich vor.

Chef zu älterem Kollegen: „Guten Abend! Sanchez-Tiex mein Name und Sie sind?"
Kollege: „Guun Abend! Isch bin de Heim."
Chef: „Ach, und wie lange sind Sie das schon?"
Kollege: „Schon immer?!"
Chef (guckt irritiert): „Ja ähh…wann sind Sie denn in Pension gegangen?"
Kollege: „Hä? Ich schaff doch noch!"
Chef: „Ach so, aber nicht mehr hier oder?"
Kollege: „Ja doch."
Chef: „Ähmm…ja, aber Sie sind doch daheim?"
Kollege: „Neee, neee! Isch bin de ‚Heim' un ich schaff noch hier!"
Chef: „Ja, aha, ach so und Ihr Name ist?"
Kollege (dreht sich weg und schüttelt den Kopf): „Schon gut, isch geh eh gleisch heim."

ende einer suchaktion

— *Kiel. Im Buchladen.*

Ich stöbere durchs Angebot des kleinen Buchladens und greife zum Belauscht-Buch *Entschuldigung, sind Sie die Wurst?*, um darin zu blättern. In diesem Moment erscheint ein weiterer Kunde im Laden, geht auf die Verkäuferin zu und sagt:

„Guten Tag, mein Name ist Wurst. Wurst wie Käse. Ich hatte Bücher bestellt."

grammatik ist ihm wurst

— *Köln. Hauptbahnhof.*

In den Arkaden. Ein südländisch aussehender Mann Mitte 20, mit großem Reisekoffer, bestellt sich eine Bratwurst im Brötchen.

Verkäufer: „Senf dazu?"
Mann (mit starkem Akzent): „Ja … Entschuldigen Sie, wie ist der Artikel von Senf?"
Verkäufer (im schönsten Asi-Rheinisch): „Mit oder ohne … Senf!"

akustisch vercheckt, politisch nur fast korrekt

— *Winsen. In einem Spielzeugladen.*

Eine alte Dame ist mit ihrem Enkel im Spielzeugladen. Er läuft von Regal zu Regal, guckt sich die Sachen an, irgendwann holt er die Oma, um ihr etwas zu zeigen.

Enkel: „Oma, komm mal, das ist megageil…"
Oma (bleibt erschrocken stehen): „Junge, man sagt Farbiger!"

nasty stuff

— *Bernau/Felden. In einem Fast-Food-Restaurant.*

Als ich mir den Eistee der Marke „Nestea" aus dem Automaten lasse, fragt mich ein amerikanischer Gast:

„Oh, good, something to drink. What do you drink there, Sir?"

Ich: „That's Nestea."
Gast (erstaunt): „Why do you drink it then?"

danach hörten sie „der morgen hat gebrochen"

— *Oberurff. In der Schule.*

Ich sitze an meinem Platz im Klassenzimmer, als sich zwei meiner Mitschülerinnen unterhalten. Sie reden über das Lied „Father and son" von Ronan Keating und Yusuf Islam.

#1: „Und was heißt: ‚Find a girl, settle down – if you want you can marry?'"
#2 (zögernd): „‚Finde ein Mädchen, leg es flach. Wenn du willst, kriegst du Mary?'"

nacken statt nackig machen

— *Köln. In einem Friseursalon.*

Ein Telefongespräch.

Anruferin: „Ja, guten Tag, ich hab da mal 'ne Frage: Was kostet es, die Haare untenrum dunkel zu färben?"
Friseurin: „Da müssen sie mir jetzt erst mal definieren, was sie mit ‚untenrum' meinen."
Anruferin (verständnislos): „Ja, den Nacken!"

sieh es ei miami

— *Oldenburg. Im Bus.*

Drei Frauen Mitte 50 unterhalten sich.

#1: „Heut kommt ja auch wieder Kriminalminz!"
#2: „Hääh?"
#3: „Ach, du meinst Criminal Minds!"
#1: „Ja, ja!"

dieser strand ist voller tretminen

— *Haltern/Dülmen. Am Silbersee II.*

In der Nähe vom Nacktbadebereich. Vier junge, aufgestylte Türkinnen (zwischen 16 und 18) schlendern über den Strand. Als der Nacktbadebereich in Sicht kommt, ruft eine fassungslos:

„Ey, ist das hier etwa ein PKK-Strand?"

sie will keine pferdeflüsterin sein

— *Frankfurt am Main. An einer Straßenbahnhaltestelle.*

Zwei aufgestylte Mädels unterhalten sich über jemanden.

#1: „Und dann heißt der auch noch Horst, wer heißt denn so?"
#2: „Aber echt ey, das heißt doch ‚Pferd' auf Englisch!"

die jagd auf führungskräfte hat begonnen

— *Leipzig. In einem großen Drogeriegeschäft.*

Durchsage einer netten Frauenstimme: „Ein Manager bitte an Kasse 4!"

Es vergehen etwa 30 Sekunden.

Die gleiche Stimme: „Manager erledigt!"

DIE LAUTSPRECHER – „MANAGER ERLEDIGT!"

Sie haben ein tägliches Millionenpublikum. Auf Knopfdruck wird ihr Arbeitsplatz zur großen Bühne. Durch die Mikrofone in den Zügen, Supermärkten, Bussen und Flugzeugen senden sie Comedy vom Feinsten. Besonders bei der Deutschen Bahn scheint komödiantische Kompetenz Einstellungsvoraussetzung für Zugbegleiter zu sein und ein Humor-Coaching Pflichtteil einer jeden Ausbildung. Die Verkehrsbetriebe haben verstanden: Jedes Missgeschick, jede Verspätung und Unannehmlichkeit kann entschärft werden, wenn der Entertainer in Bahner- oder Pilotenuniform die richtige Pointe zum richtigen Zeitpunkt setzt. Wen stört es schon, einige Minuten zu spät zu sein, wenn man dafür mit einem Gag-Feuerwerk der Extraklasse entschädigt wird. Bitte macht weiter, liebe Lautsprecher der Nation, ohne euch wäre es um einiges trister in den Großwagenabteilen und vor den Kühlregalen zwischen Freiburg und Greifswald.

auch die bahn bremst jetzt für tiere

— *Im Zug von Rostock nach Berlin.*

Wir befinden uns in voller Fahrt, als der Zug plötzlich abbremst und sehr abrupt zum Stehen kommt. Nach kurzer Zeit fährt er weiter, es folgt eine Durchsage:

„Meine Damen und Herren, wir mussten unsere Fahrt kurzzeitig unterbrechen…"

(Pause)

„…vor uns war ein Hase auf den Schienen."

sonst klemmt die lippe in der tür

— *Düsseldorf. Hauptbahnhof.*

Kurz vor der Abfahrt des Zuges ertönt folgende Durchsage des Schaffners:

„Bitte das Küssen einstellen, die Türen müssen jetzt schließen."

rettet die äste!

— *Kirchheim unter Teck.*

Ich fahre mit der S-Bahn. Kurz vor Kirchheim machen wir eine Vollbremsung und bleiben stehen. Etwa fünf Minuten später eine Durchsage vom Schaffner:

„Wir haben eben eine Vollbremsung gemacht."

(Pause)

„Wir haben gehalten, da wir einen Ast überfahren haben."

(Pause)

„Nun können wir weiterfahren, denn die Lok hat keinen Schaden genommen. Der Ast war klein, sehr klein."

zettelwirtschaft bei der bahn

— *Düsseldorf. Hauptbahnhof.*

Eine Durchsage:

„Ja, verehrte Fahrgäste, Folgendes: Von unseren 42 Türen sind 22 defekt. Ich weiß nicht wieso, aber … SIE FUNKTIONIEREN NICHT! Bitte benutzen Sie die hinteren Türen! Die defekten haben wir mit gelben Zetteln markiert. Allerdings nicht alle, denn: SO VIELE ZETTEL HABEN WIR GAR NICHT!"

es ist nicht immer drin, was draufsteht

— *Hamburg. An den Landungsbrücken.*

Besucher des Musicals „König der Löwen" haben die Möglichkeit, mit einem Shuttle-Schiff von den Landungsbrücken zum Theater überzusetzen. Das Schiff steht zum Einsteigen bereit, als direkt dahinter ein weiteres Schiff mit der gelben „König der Löwen"- Lackierung anlandet. Mehrere Personen steuern daraufhin das neu angekommene Schiff an. Es ertönt folgende Durchsage vom Shuttle-Schiff:

„Zum ‚König der Löwen' bitte HIER einsteigen! HIER! Nicht jedes gelbe Schiff fährt auch da rüber. Das ist nur W-E-R-B-U-N-G! Wenn auf einem Bus ‚Fielmann' steht, könnt ihr ja beim Fahrer auch keine Brille kaufen!"

das panik-gleichnis

— *Dresden. Auf dem Evangelischen Kirchentag.*

Die Halle, in der ein Bodo-Wartke-Konzert stattfindet, ist geschlossen worden, um eine Überfüllung zu vermeiden. Da sich aber immer noch Hunderte von Menschen vor dem Gebäude befinden, ruft ein Organisator per Megafon:

„Jede Panik, die jetzt nicht ausbricht, ist eine gute Panik!"

bei der bahn ist nur der kuli könig

— *Im ICE auf dem Weg von Brüssel nach Köln.*

Der Zug verspätet sich, weil die Strecke blockiert ist und wir einen Umweg fahren müssen. Doch auch die Umleitung ist verstopft und wir müssen in den Rückwärtsgang. Die Schaffnerin plärrt andauernd in vier Sprachen, auch sie habe im Moment keine Ahnung, was da vor sich gehe. Plötzlich ein männlicher Schaffner mit dezidiertem Unterton:

„Meine Damen und Herren, ich bitte um Ihre Aufmerksamkeit für eine Durchsage. Der Mann, der grad eben bei mir war und sich meinen Kuli geliehen hat: Das ist meiner, ich hätt' ihn gerne wieder!"

Erheitertes Kopfschütteln bei den Fahrgästen.

Er fährt fort: „Achtung, ich wiederhole: Der Mann, der eben bei mir war: Das ist mein Kuli!"

... es stinkt ihm gewaltig!

— *Heidelberg. In der Straßenbahn.*

Durchsage des Straßenbahnfahrers in der überfüllten Bahn nach einem heißen Sommertag:

„Sehr geehrte Damen und Herren, wenn Sie jetzt über die Leistungsfähigkeit Ihres Deos nachdenken, ist es definitiv zu spät!"

kenne deine kunden!

— Berlin-Friedrichshain. Flohmarkt am Boxhagener Platz.

Es herrscht, wie fast jeden Sonntag, reges Treiben. Plötzlich ertönt direkt neben uns lautstark die Stimme eines Verkäufers:

„Sehr verehrte Damen und Herren! Statistische Untersuchungen unserer Verkaufszahlen ergaben, dass Kunden, die einen Katzenkorb erwarben, sich auch besonders häufig für diesen Lampenschirm interessierten. Daher können wir Ihnen heute ein exklusives Sparset aus Katzenkorb UND Lampenschirm anbieten! Greifen Sie jetzt zu!"

der frischluftmann

— Köln. In der Straßenbahn Linie 1.

Nach einer längeren Wartezeit wegen eines Weichenfehlers hat die Bahn an der nächsten Haltestelle schon wieder einen ungeplanten Aufenthalt. Die Fahrgäste sind schon etwas genervt. Dann die Durchsage des Bahnfahrers:

„Liebe Fahrgäste, derzeit ist jemand sehr besorgt um Ihr leibliches Wohl, deshalb möchte er Sie mit frischer Luft versorgen. Dafür stellt er sich in die Tür, sodass eine Weiterfahrt nicht mehr möglich ist."

und dann … mord im göttingen-express!

— *Hannover. Hauptbahnhof.*

In der Bahn Richtung Göttingen. Der Zug ist gerade losgefahren. Plötzlich eine Ansage der Schaffnerin:

„Guten Tag, liebe Mitreisende. Ein besonderer Gruß geht an die beiden Mädchen, die gerade vor mir weggelaufen sind. Wenn ihr vorhattet, schwarzzufahren, ich werde euch finden!"

hol den vorschlaghammer raus!

— *Im Zug von Kiel nach Lübeck.*

Wir mussten auf dem Weg bereits mehrfach anhalten, weil die Elektronik von einigen Türen nicht funktionierte. Bei jedem Stopp folgte eine Durchsage, dass man die Unterbrechung bitte entschuldigen möge, wobei deutlich zu hören ist, dass der Zugbegleiter von Mal zu Mal genervter ist. Als wir dann endlich in Lübeck einfahren, ertönt folgende Durchsage:

„Wir erreichen in Kürze Lübeck-Hauptbahnhof. Wir möchten alle Fahrgäste bitten, auszusteigen. Dieser Zug wird jetzt verschrottet!"

nutze deine chance!

– *Freiburg. Badenova Stadion.*

Offizielles Saisoneröffnungsspiel des SC Freiburg am 19.07.2011. Durchsage vom Stadionsprecher:

„Der kleine Egon sucht seinen Papa Bernd. Das Kind kann an der Sprecherkabine abgeholt werden."

(Fünf Minuten später)

„Der kleine Egon wartet noch auf seinen Papa. Sie können Ihren Sohn an der Sprecherkabine abholen."

(Weitere zwei Minuten später)

„Ach ja, und der kleine Egon grüßt alle, die ihn kennen!"

die sicherste art zu reisen

– *Johannesburg. Flughafen.*

Nach der Landung in Johannesburg begrüßt der Pilot die Passagiere mit folgenden Worten:

„Sehr geehrte Fluggäste, willkommen in Johannesburg. Der sicherste Teil Ihrer Reise ist hiermit vorbei!"

ein bisschen hohn mit atom

– Im Regionalexpress zwischen Münster und Köln. Nach einer Anti-Atomkraft-Demonstration.

Der deutlich verspätete Zug ist voll mit Atomkraftgegnern. Eine Durchsage von der Zugbegleiterin:

„Sehr geehrte Fahrgäste, wir bedauern die Verspätung und fahren nun mit Atomstrom … dann sind wir noch ein bisschen schneller."

rechts vor links

– Im Flugzeug über Paris.

Nachts auf der Flugreise von Portugal nach Deutschland. Durchsage des Kapitäns:

„Sehr geehrte Passagiere: Die Herrschaften, die auf der rechten Seite sitzen, können nun aus dem Fenster blicken und das wunderschöne, hell beleuchtete Paris bewundern. Die Herrschaften, die links sitzen, sehen davon zwar nichts, aber wenn Sie ebenfalls nach rechts blicken, können Sie sehen, wie sehr sich die anderen Passagiere über den Anblick von Paris freuen."

sie kamen, sahen und ignorierten

— Berlin. In der U-Bahn am Heidelberger Platz.

Riesengedränge an den vorderen U-Bahn-Türen.

Durchsage des Zugführers: „In den hinteren Waggons ist auch noch Platz!"

Kaum jemand zeigt Bereitschaft, sich in Richtung der ziemlich leeren hinteren Wagen zu bewegen. Alle versuchen, sich weiterhin in den verstopften ersten Waggon zu drängen.

Erneute Durchsage des Zugführers: „Dass ihr alle blind seid, sah man bereits. Aber dass ihr auch noch taub seid, wusste ich noch nicht!"

an nikolaus zum nordpol?

— Kiel. Bus in der Innenstadt.

Der Bus ist sehr voll, draußen starkes Schneegestöber.

Durchsage des Busfahrers: „Sehr geehrte Fahrgäste, hohoho, wie Sie bemerkt haben, es schneit draußen. Suchen Sie sich einen festen Halt oder Sitz, wir sind jetzt ein Schlitten! Hat jemand Glocken für die Atmosphäre dabei?"

Im hinteren Teil des Busses fängt es an, rhythmisch zu klingeln…

auf dem sprung zur konkurrenz

— *Frankfurt am Main. In der S-Bahn.*

Am Bahnhof Frankfurter Berg steht die Bahn etwas länger am Bahnsteig, weil offensichtlich ein Fahrgast eine Tür blockiert und die Weiterfahrt verhindert. Nachdem sie sich wieder in Bewegung gesetzt hat, knistern die Lautsprecher und die Stimme des Zugführers ertönt:

„Für individuellere Fahrtzeiten empfehle ich ein Taxi."

hoffentlich ist sie nicht an bord

— *Im Landeanflug auf Hamburg.*

Durchsage aus dem Cockpit:

„Meine Damen und Herren, in Kürze erreichen wir Hamburg. Bitte schnallen Sie sich an und stellen Ihre Rückenlehne gerade. Das Wetter in Hamburg ist trüb und ungemütlich – genauso wie meine Exfreundin."

die todesfahrt des RE 4561

— *Frankfurt. Im Zug.*

Durchsage: „Wir bitten alle Fahrgäste auszusteigen. Dieser Zug verendet hier."

quickie-verbot im schnellzug

— *Im ICE von Düsseldorf nach Amsterdam.*

Durchsage des Schaffners:

„Aus gegebenem Anlass möchten wir Ihnen mitteilen, dass unsere Toiletten NICHT paarungsgeeignet sind!"

doch das richtige studiert?

— *Berlin-Neukölln. In einem vollen Bus im Feierabendverkehr.*

An jeder Haltestelle muss der Fahrer die Fahrgäste auffordern, von den hinteren Türen wegzutreten, damit diese sich schließen können. An einer Haltestelle führen dann auch drei höfliche Durchsagen nicht zum Erfolg. Schließlich stellt der Fahrer den Motor ab und sagt:

„Okay, wenn es sein muss, bleiben wir bis zu meinem Dienstschluss hier stehen. Wir können das dann ganz in Ruhe ausdiskutieren."

Nach einer kleinen Pause fügt er mit leicht drohendem Unterton hinzu:

„Ich kann das, ich war mal Sozialpädagoge!"

mobbing übers mikrofon

— *Kaltenkirchen. In einem Supermarkt.*

Lautsprecherdurchsage: „Ich brauche mal bitte den Schlüssel."

(Zwei Minuten später)

Lautsprecherdurchsage: „Maik sagt, du sollst dir den Schlüssel gefälligst selbst holen!"

time to say hello

— *Essen. In der S-Bahn Richtung Essen Hauptbahnhof.*

Die S-Bahn hat 20 Minuten Verspätung, was der Schaffner an jeder Haltestelle erneut erklärt.

„Liebe Fahrgäste, aufgrund eines technischen Defekts am Fahrzeug und einer Signalstörung hat dieser Zug 20 Minuten Verspätung."

(Pause)

„Ein kleiner Hinweis noch an den netten älteren Herrn, der mir eben seine neue Uhr zeigen wollte: bitte kommen Sie doch noch mal nach vorne und zeigen Sie sie mir noch mal in Ruhe. Bei der Einfahrt konnte ich sie nicht so gut erkennen."

rail or fly?

— *Flughafen Köln-Bonn.*

Nach erfolgreicher Landung. Der Kapitän meldet sich kurz und knapp:

„Ausstieg in Fahrtrichtung links."

eilantrag abgelehnt

— *Berlin. In der S-Bahn.*

Die S-Bahn hält zwischen zwei Bahnhöfen.

Durchsage des Zugführers: „Werte Fahrgäste, es befinden sich Kinder auf den Gleisen. Da es uns das Gesetz verbietet, diese zu überfahren, verzögert sich die Weiterfahrt auf unbestimmte Zeit!"

Einige Minuten vergehen.

Erneute Durchsage: „Da es in der Zwischenzeit keine Gesetzesänderungen gab, müssen wir weiter warten!"

von bunten möbeln und grauen mäusen

— *Köln. Im Ikea in Godorf.*

Durchsage: „Liebe Kunden! Vermisst wird ein fünfjähriges Mädchen. Es hat graue Haare und trägt ein graues Oberteil. Wenn Sie es finden, dann wenden Sie sich bitte an einen Ikea-Mitarbeiter."

ferngespräch fürs ferngespräch

— *Konstanz. In einem Supermarkt.*

Durchsage: „Herr Mamsenhut, bitte 206, Ferngespräch, Herr Mamsenhut bitte!"

Durchsage zurück, quer durch den Supermarkt: „Kann nicht, hab Feierabend!"

genderwahnsinn in der bahn

— *Mannheim. Im ICE nach Basel.*

Durchsage: „Achtung, eine Durchsage: Sollte sich ein Arzt im Zug befinden, komme er bitte in Wagen 27. Ich wiederhole: Sollte sich ein Arzt im Zug befinden, komme er bitte in Wagen 27."

Es sind Hintergrundgeräusche zu hören, jemand spricht aufgeregt. Dann der Zugbegleiter erneut:

„Auch eine Ärztin ist uns willkommen. Vielen Dank!"

verspätung angenommen!

— *Bochum. Hauptbahnhof.*

Nachts um halb eins schallt folgende Ansage über den Bahnsteig:

„Meine Damen und Herren, bitte beachten Sie: Der RE1028 entschuldigt sich um zehn Minuten, wir bitten um Ihre Verspätung."

der todespilot in venedig

— *Venedig. Im Flugzeug.*

Nach einer sehr harten Landung im strömenden Regen in Venedig meldet sich der Pilot:

„Meine Damen und Herren, wir haben soeben Venedig getroffen ... und versenkt."

diesen rabatt will niemand

— *Leipzig. Flughafen.*

Auf einem Flug von Leipzig nach München. Kurz nach dem Durchstarten setzt die Maschine nochmals auf und startet neu durch. Die Stewardess schnappt sich das Mikrofon und kommentiert nur trocken:

„Herzlich Willkommen zur Happy Hour unserer Airline – zwei Starts zum Preis von einem."

durchsage mit kinderkrankheiten

— *Hamburg-Moorfleet. Im Ikea.*

Durchsage um 19.30 Uhr:

„Liebe Eltern, aus gesundheitlichen...äh...gesetzlichen Gründen müssen wir unser Småland um 20.00 Uhr schließen."

small talk aufs abstellgleis gefahren

— *Buchholz in der Nordheide. Im Metronom.*

Auf der Strecke Bremen-Hamburg, bei der Einfahrt im Bahnhof Buchholz.

Durchsage des Zugführers:

„Meine sehr verehrten Damen und Herren, trotz meiner Bemühungen, langsam zu fahren, kommen wir wider Erwarten zu früh in Buchholz an...Sollte ich Ihnen damit die Gesprächsgrundlage für heute Abend genommen haben, tut es mir sehr leid...Der Ausstieg befindet sich übrigens in Fahrtrichtung links!"

wer rast, der rostet nicht

– *Gelsenkirchen. Im Hauptbahnhof.*

Um 22.30 Uhr im stehenden Zug im Gelsenkirchener Hauptbahnhof kommt die extrem genervte Durchsage des Zugführers:

„Liebe Fahrgäste, die Weiterfahrt des Zuges verzögert sich um ein paar Minuten, weil ein ungeheuer bedeutender Güterzug mit immens schnell verderblichen Eisenrohren überholen muss."

willkommen in der s(abotage)-bahn

– *Stuttgart. In der S-Bahn Richtung Flughafen.*

Die Bahn fährt stockend, hält immer wieder an. Nach einer Weile kommt eine Durchsage:

„Entschuldigen Sie die Fahrweise, ich suche eine Störung."

gruppentherapie in jögi-löw-manier

— Bonn. In der Stadtbahn.

Die Stadtbahn steht zur besten morgendlichen Berufsverkehrszeit gut gefüllt seit fünf Minuten an der Haltestelle. Auf einmal ertönt die Stimme des Fahrers:

„Liebe Fahrgäste, wie Sie sicherlich schon bemerkt haben, stehen wir hier. Vor uns steht auch eine Bahn, wir kommen also nicht weiter. Wie lange das noch dauert, kann ich Ihnen nicht sagen, die Leitstelle spricht nämlich nicht mit mir."

(Kurze Stille)

Dann ist ein immer lauter werdendes „Ooooooooooooooooooooooooh" von immer mehr einstimmenden Fahrgästen zu vernehmen.

Fahrer über Lautsprecher: „Danke, das tut gut!"

angenehme überraschung

— Berlin. In der S-Bahn.

Ich sitze in der vollkommen überfüllten S-Bahn, es ist heiß, eng und die Leute sind genervt. Als sich eine Durchsage des Schaffners ankündigt, fangen alle an zu stöhnen, da sie aufgrund der schlechten Erfahrungen mit der BVG mit dem Schlimmsten rechnen.

Durchsage: „Sehr geehrte Fahrgäste, hiermit möchte ich auch die Dazugestiegenen im Namen der BVG herzlich begrüßen. Nun einige Informationen zum Tag: Wir haben heute Donnerstag, den 26. April, es ist 17.30 Uhr. Dieser Zug fährt nach Potsdam Hauptbahnhof. Die aktuelle Wetterlage an unserem Reiseziel ist stark bewölkt, es empfiehlt sich also, einen Schirm dabeizuhaben. Die Wettervorhersage lässt aber hoffen: Am Wochenende können die Hartgesottenen unter Ihnen die Badehose auspacken – bei vorhergesagten 30 Grad. Unsere Reisegeschwindigkeit beträgt derzeit zirka 80 km/h, die nächste Station ist Nikolassee. Ich wünsche Ihnen eine angenehme Weiterfahrt und einen schönen Feierabend – machen Sie was draus!"

super mama world

— *Würselen. Im Supermarkt.*

Junge #1: „Boah, meine Ma nervt voll."
Junge #2: „Bist du blöd oder so, guck mal meine, die is' voll der krasse Endgegner!"

DIE CHECKER –
„ ... DIE IS' VOLL DER KRASSE ENDGEGNER!"

Irgendwann während der letzten 20 Jahre begann die Gattung des „Checkers" den öffentlichen Raum für sich zu erobern. Viele unserer Belauschnisse handeln von ihnen, den Checkern und Checkerinnen unserer Gesellschaft. Doch was ist ein Checker eigentlich und was macht ihn so einzigartig? Neben der Kleidung, die meist aus weiteren Schnitten mit großen Markenlogos besteht, ist die unverwechselbare Sprache des Checker-Pudels wahrer Kern. Das sogenannte Kiezdeutsch ist eigentlich recht leicht zu erlernen. Wo der Durchschnittsbürger einen Punkt setzt, fügt der Checker ein „Alda" ein, ein Komma wird in der Regel mit einem „Digga" substituiert, ein Ausrufezeichen kann ohne viel Aufhebens mit einem „Ey" übersetzt werden. Alles ist möglich: „Ich denke Digga also bin isch ey". Jedes Adjektiv kann zudem mit einem „fett" oder „krass" umschrieben werden. „Es ist was krass im Staate Dänemark Alda." Durch die äußerst effiziente Sprachverwendung gewinnen die Checker Zeit, die sie in perfektionierter Weise dazu nutzen, die Straßen, Plätze und U-Bahnen Deutschlands lautstark zu beschallen. Zeit, die wir als Otto-Normalbürger nicht haben, da wir unsere Tage damit vergeuden, grammatisch und orthografisch möglichst korrekte Sätze zu formen. Nutzen Sie dieses Kapitel daher als Anleitung zu einer fetteren Denkweise ey und zu einer krasseren Ausdrucksweise Alda.

die spielregeln des lebens

— *In der Bahn zwischen Bochum und Witten.*

Zwei Teenager-Mädels unterhalten sich.

#1: „Und was hat deine Mutter für 'ne Figur?"
#2: „Geht so. Erstema schwanger, zweitema schwanger, drittema schwanger, viertema: GAME OVER!"

berufswunsch 2.0

— *Schwandorf. In einer Schule.*

Lehrer: „Was willst du bitte mal beruflich machen?"
Schüler: „Hartz IV Premium User!"

reise in die achte dimension

— *Viernheim. Im Kinopolis.*

Im Kino sitzen zwei Jugendliche mit Migrationshintergrund nebeneinander und warten darauf, dass der Film anfängt. Der eine setzt zwei 3D-Brillen auf, reißt die Augen auf und sagt begeistert zum anderen:

„Ey Alter, wie geil ist das denn? Wenn isch zweimal de 3D-Brillen aufsetze, dann hab isch 8D!"

young digital gentleman

— *Landshut. Im Bus.*

Eine Gruppe Teens (ca. 12 bis 14) stürmt nach der Schule den Bus und unterhält sich recht lautstark über Handys. Nummern und Videoanfragen über Bluetooth schwirren durch den Bus. Folgender Dialog entwickelt sich zwischen einem Jungen und einem Mädchen:

Er: „Eh, ich will dir grad 'nen Video schicken, warum brichst du das ab?"
Sie: „Ich dachte, du willst auf meinem Handy Mist bauen!"
Er: „Eh, ich hack' doch keine Lady!"

die illusion vom frittenbaum

— *Osnabrück. Im Zug.*

Zwei korpulente junge Mädchen sitzen mit McDonald's-Tüten auf dem Schoß im benachbarten Viersitzer. Die eine isst gerade ihre Pommes.

#1: „Ey Alta, meine Pommes schmeckt voll nach KARTOFFEL!"
#2: „Ey laber nisch! Pommes is Pommes!"

(Einige Sekunden später)

#2: „Ey warte … ich glaub, Pommes IS Kartoffel!"
#1: „Laaaaaaaber."

wenn die seele 21 gramm wiegt, wie schwer ist wohl der verstand?

— *Köln. Im Bus 132.*

Drei weibliche Teenager türkischer Herkunft unterhalten sich. Eine erzählt:

„Ey, da hab isch Probearbeiten auf Weihnachtsmarkt gemacht. Kommt da so 'n Typ und bestellt 100 Gramm Printen. Alter! Erschtens weiß isch nisch, was Printen sind, und zweitens weiß isch nisch, was 100 Gramm sind!"

Recherchieren ... yes we can ... not

— *Berlin. FH.*

Im BWL-Seminar. Ein Typ, Marke Checker, erstes Semester BWL, hält ein äußerst schlechtes Referat in Internationalem Wirtschaftsrecht. Der Professor übt daraufhin offene Kritik.

Professor: „Also, das ist überhaupt nicht das Niveau, was wir hier anstreben, aber das wissen Sie ja selbst, oder? Hätten Sie sich nicht etwas profunder vorbereiten können?"
Student (aufgebracht): „Ey, was kann ich denn dafür, dass fucking Wikipedia heute abspackt? Bin ich Obama oder was?"

sich über die kleinen dinge freuen können

– *Verden. Im Bus Linie 711.*

Als der Stadtbus am Gerichtsgebäude vorbeifährt, unterhalten sich zwei ältere Jugendliche darüber, wo sie schon überall eingesessen haben. Der eine stellt fest:

„Jugendarrest ist Kacke, da darfst du nicht rauchen. Ich finde U-Haft besser. Da kann man wenigstens rauchen."

keine investitionen – keine rendite

– *Bad Kreuznach. Lidl am Brückes.*

Eine etwa 25-jährige, hochschwangere Frau unterhält sich zwischen den Supermarktregalen stehend mit einer Bekannten.

Schwangere: „Ich war uff em Sozialamt und hab dene gesaht, dass die Bud zu kleen is für drei Kinner und dass ich langsam mo neue Klamotte brauch unn e neues Bett unn Matratze… (*zählt noch einige weitere Dinge auf*) do honn die uffem Amt gesaht, dass ich nur Geld für die Erstausstattung kriehn unn sunscht nix!"
Bekannte: „Das is jo e Sauerei, unn wie solch du das alles noch bezahle, wenn dei drittes Kind do is?"
Schwangere: „Das hab ich die Amtstussi aach gefroht, hab der gesaht, dass das e Frechheit is, dass ich jetz schon drei Steuerzahler uff die Welt gebracht hab unn vom Amt krieht mer kee Pennig!"

das geheule ging ihr irgendwann auf den zeiger

— *München. In der S-Bahn.*

Zwei Mädchen (ca. 14). Die eine schüttet der anderen ihr Herz über ihren untreuen Freund aus, während die andere sehr gelangweilt wirkt und die ganze Zeit auf die Armbanduhr ihrer Freundin starrt. Dann ruft sie laut und offensichtlich überrascht:

„Boah, was machen denn die ganzen Zahlen und Ziffern da auf deiner Uhr?"

als soldat ist man halt immer im dienst

— *Würzburg. S.Oliver-Arena.*

Vor dem Clueso-Konzert. Die meisten Zuschauer haben schon Platz genommen und warten auf den Auftritt. Eine Frau mit Begleitung tippt auf ihrem Smartphone herum, dahinter sitzt ein Jugendlicher und beobachtet die Frau nervös. Irgendwann hält er es nicht mehr aus und klopft der fremden Frau von hinten auf die Schulter.

Junge: „Boah, könnt' ich mal kurz dein Handy haben?"
Junge Frau: „Äääh ... Nein?! Wieso?"
Junge: „Ich muss unbedingt mal auf Facebook ... ich muss noch bei Kingdoms of Camelot meine Truppen ausbilden!"

keep rollin'

— *München. Bahnhof Neuperlach Süd.*

Zwei Jugendliche, schon etwas angeheitert, kommen an die U-Bahn-Haltestelle. Als sie sehen, dass die U-Bahn in wenigen Momenten abfahren wird, fängt einer der beiden an, mit großen Schritten die Rolltreppe zum Bahnsteig hinaufzulaufen. Darauf sein Kumpel:

„Ey Alter, das is' 'ne Rolltreppe, die is' zum Chillen da!"

schnipp schnapp, zukunft ab

— *Hamburg. Bushaltestelle Horner Rennbahn.*

Zwei Mädels (ca. 18) treffen sich an der Bushaltestelle.

#1: „Ich habe heute meine Ausbildung abgebrochen!"
#2: „Wo denn?"
#1: „Beim Frisör."
#2: „Warum das denn?"
#1: „Die haben mich nicht an die Kunden gelassen."
#2: „Seit wann machst du denn die Ausbildung?"
#1: „War heute mein erster Tag."
#2 (sprachlos)
#1: „Die haben mich nur an einen Übungskopf gelassen, acht Stunden lang."

rauch drüber…

— Aachen. Im Bus in einem Problemviertel.

Typ #1 sitzt mit Handymusik in der letzten Sitzreihe, Typ #2 steigt ein und geht zu #1 nach hinten durch. Ghetto-Begrüßung, dann folgende Unterhaltung:

#2: „Wo kommste her?"
#1: „Haaren. Musste was klären, war ziemlich unangenehm, weißte?" (*es geht ziemlich eindeutig um 'ne Frau…*)
#2: „Was? Du weißt doch, isch kann dir alles besorgen. Wirklisch alles!"
#1: „Nein, nicht SO WAS klären, Alda. Eher was Alltägliches."
#2: „Alltäglisch? Gras? Brauchst du Gras?"

unsere diagnose: völlig verstrahlt!

— Erding. Im Fitnessstudio.

#1: „Ey Alter, haste wieder Kraft, was macht dein Rückenproblem?"
#2: „Ey alles wieda gut, weißt du, war ich bei Arzt und hat mich Krankenhaus geschickt. Da hab ich dann fett Kernspaltung gekriegt und dann ham die gesehen, was kaputt war, und jetzt ist wieder gut."

einbildung statt ausbildung

— Berlin-Kreuzberg. Bus M29 in der Kochstraße.

Im hinteren Teil des Busses sitzt eine Gruppe Schüler (ca. 15). Als der Bus an der Arbeitsagentur Kreuzberg vorbeifährt, meint einer der Jungs:

„Mädels, wenn ihr nicht aufpasst, landet ihr auch bald hier."

Mädel #1: „Nö, wir nicht."
Mädel #2: „Nur hässliche Frauen gehen arbeiten, hübsche Frauen heiraten."

große reifen für kleine jungs

— Gießen. In der Ludwigstraße.

Wir stehen an der Ampel und warten darauf, dass es grün wird. Neben uns zwei Skater-Jungs (ca. zwölf). Es kommt ein Auto angefahren.

#1: „Eh Alda, geh über die Straße."
#2: „Nein, ich will nicht von 'nem Smart überrollt werden. Ich will von 'nem Monstertruck getötet werden."

genitiv: perfekt. genitalien: defekt

— *Hannover. An einer S-Bahn-Haltestelle.*

Die Türen der Linie 3 nach Wettbergen schließen sich. Ein Gangsta-Typ läuft noch schnell heran, aber es ist zu spät. Er sieht sich wütend um und ruft:

„EY! ISCH FICKE STRASSENBAHNS MUTTER!"

er, sie, wen oder was?

— *Andernach. Im Bus.*

Morgens im Bus auf dem Weg zur Schule sitzen zwei Jugendliche (ca. 15 bis 16).

#1: „Alda, wirklich maskulin bist du ja nicht gerade."
#2: „Jaja, jetzt kommst du mit den Fremdwörtern, die kenn ich auch. Maskulin, feminin und Akkusativ."

liebe auf den zweiten blick?

— *München. In der U-Bahn.*

Ghetto-Mädel zu Freundin:

„Da habe ich neulich endlich mal 'nen krass scharfen und netten Typen kennengelernt ... Und sein erster Satz zu mir war: ‚Hey Alte, du hast 'nen fetten Arsch!'"

mit hopfen und malz geboren

— *Reutlingen. Beim Wandertag des TSG.*

Ein Pärchen (Anfang 20), beide total unpassend gekleidet für einen Wandertag (sie High Heels, er Checkerstyle), schlendert mit seinem Kind (ca. drei) an den Bierständen vorbei. Dabei höre ich folgenden Satz des stolzen Vaters, der mit einem zufriedenen Lächeln im Gesicht verkündet:

„Alda, ich schwör! Der Kleine hat grad ‚Bier' gesagt!"

besser: kurz nachdenken als kurz schreiben

— *Aschaffenburg. Im Park Schöntal.*

Einige Jugendliche sitzen auf einer Bank im Park.

#1: „Wo bleiben die anderen? Lass uns die mal anrufen!"
#2: „Nee, Alter, ich hab kaum noch Geld auf'm Handy."
#1: „Dann schreib 'ne SMS!"
#2: „Nein, ist auch zu teuer."
#1: „Oh Mann, dann schreib halt nur 'ne ganz kurze, schreib nur ‚Komm Park', dann kost's fast nix!"
#2: „Okay, meinetwegen."

unerhörte unterrichtsmethoden

— *Kornwestheim. Ernst-Sigle-Gymnasium.*

Im Treppenhaus belausche ich zwei Elftklässler.

#1: „Weißt du, was in Bio auf war?"
#2: „Nein Alter! Isch war letzte Stunde doch nisch da."
#1: „Boah, Glück gehabt, Lan! Die Frau wollte uns zerstören! Die ganze Stunde eigenständig denken!"

komische vögel über zugvögel

— *Bremen Waterfront. In einer Pizzeria.*

Zwei Möchtegern-Gangsta um die 20 unterhalten sich hinter mir in der Schlange.

#1: „Alda, Winta is schon doof wegen dem ganzen Dreck und Salz am Auto. Mein Golf sieht imma so dreckig aus."
#2: „Jo, hast recht, aber komischerweise ist mein Auto nicht so vollgekackt von Vögeln wie im Sommer."
#1: „Mann, das is' weil die Vögel im Winta im Süden sind, weil besser Wetta als hier und so, weißte Bescheid?"
#2 (lacht diabolisch): „Geil! Soll mir recht sein, sollen die doch den Scheiß-Bayern auf die Autos kacken und nicht auf meinem Polo!"
#1 (steigt in die Lachsalve ein): „Wo du recht hast, da hast du recht!"

ob die times auch money ist?

— *Hamm. Im Bahnhof.*

Eine Frau wirbt im Hammer Bahnhof für kostenlose Abos einer Wochenzeitung und spricht Passanten an: „Wollen sie *Die Zeit* kostenlos?"

Ein Jugendlicher mit leicht asozialem Touch antwortet im Vorbeigehen:

„Ey Alde, die Zeit is' nich kostenlos! Die is' teuer! Wann kapierst du das endlich, ZEIT IST GELD!"

wenn kinder väter werden

— *Bergisch-Gladbach. Im Bus der Linie 227.*

Zwei Typen, um die 18 Jahre alt, unterhalten sich.

#1: „Ey, du wirst ja jetzt auch bald Vater!"
#2: „Ja, voll krass, ne?!"
#1: „Auf jeden!"
#2: „Wird 'nen Mädchen. Ich hab auch schon 'nen Namen: Chantal! Das sind immer die geilsten Säue, später!"

Typ #1 lacht.

#2: „Aber weißt du, was das Krasseste am Vaterwerden is'?"
#1: „Ne, was'n?"
#2: „Tja, bin ich's oder bin ich's nich!"

prekäres grundnahrungsmittel

— *Dresden.*

Zwei Pärchen machen sich einen gemütlichen Abend und unterhalten sich. Man kommt auf das Thema Küche, die Wohnungsinhaberin schildert, warum sie keine Mikrowelle hat und keine haben will. Daraufhin die andere Anwesende, total erstaunt:

„Was, keine Mikrowelle? Wie macht ihr denn dann Curryking?"

ob diese(r) tour in frankreich ankommt?

— *Dresden. Auf der Carolabrücke.*

Zwei Mädels in der S-Bahn.

#1: „Buh! Was heißt Eiffelturm auf Französisch, mein Bruder will das übersetzen."
#2: „Tour d'Eiffel glaub ich, was will dein Bruder denn sagen?"
#1: „Er will sagen: (*schaut auf ihr Handy*) ‚Ich habe einen Eiffelturm in der Hose'."

vielleicht ist sie dort ja schlau

— *Halle. Im Zug.*

Zwei pubertäre Mädchen der Marke „Cindy aus Marzahn" unterhalten sich über den Matheunterricht.

#1: „Jetz' ma echt, im Alltag, da brauchst du ja maximal Plus, Minus und Geteilt. Und nicht den ganzen anderen Rotz, Wurzel und so."
#2: „Genau! Ich will wissen wie ein Paralleluniversum ENTSTEHT und es nicht durchrechnen!"

hassan der hexenhasser

— *Plech. Im Freizeitpark.*

Ausflug mit der Kinderferienbetreuung. Ich laufe mit drei Kindern – siebenjährigen türkischen Zwillingen und einem Sechsjährigen – durch den Wald. Vor uns ein Hexenhaus, bei dem auf Knopfdruck eine Hexe herausschaut.

Zwilling #1 drückt den Knopf.

Hexe (kommt heraus): „Naaaa Kinder, wollt ihr nicht hereinkommen?"
Zwilling #2 (erschrickt sich): „EY ALTE BIST DU HÄSSLICH ODER WAS?! Maaaaaaann…"

veilchen für den fight club

— Hannover. Pfarrlandplatz.

Sonntagnachmittag. Vier Jugendliche, zwei Jungen und zwei Mädchen im Alter zwischen 17 und 20, sind ins Gespräch vertieft. Ein fertig aussehender tätowierter Mann kommt dazu und spricht einen der Jungen an.

Mann: „Hast du Kraft?"
Junge: „Ja schon, wofür denn?"
Mann: „Kannste mich mal so richtig schlagen? Ich hab keine Lust mehr, dafür Geld zu bezahlen, aber ich will den Schmerz spüren!"
Junge: „Ne, mach ich nicht."
Mann: „Scheiße!"

Der Mann geht weiter, kehrt nach wenigen Augenblicken um und kommt wieder zurück.

Mann: „Ändert sich das, wenn ich dich schlage? Verteidigst du dich dann wenigstens?"
Junge: „Ich schlag dich nicht."
Mann: „Mann, du bist echt kein guter Helfer!"

Und geht.

bücher ... abgehakt

— *Oberhausen. CentrO.*

Zwei Mädels (ca. 14) gehen in die Thalia-Buchhandlung. Mädel #2 geht widerwillig hinter Mädel #1 her, greift sich das erstbeste Buch, schlägt es auf und dreht sich augenrollend zu ihrer Freundin um:

„So, jetzt weiß ich, wie ein Buch von innen aussieht. Können wir gehen?!"

das war aber eine muggelpackung

— *Ibbenbüren. Im Kino.*

Beim Verlassen des neuen Harry-Potter-Films eine Stimme hinter mir:

„Der war ja total unrealistisch!"

wenn worten taten folgen

— *Mannheim. In der Trambahn.*

Mädchen telefoniert in der Straßenbahn:

„Ich war beim Anti-Aggressions-Training ... was das is'? ... Des is' wenn man mit so Losern zu tun hat, dass man denen nicht gleich in die Fresse haut, sondern erst mit denen spricht."

bewegung mit halbwertszeit?

— Aachen. In der Pontstraße.

Mir kommt eine Gruppe ca. 20-Jähriger entgegen. Ich bekomme noch den letzten Teil der Diskussion mit.

Typ: „Voll, jetzt sind ja alle Atomgegner."
Tussi: „Ja, voll Mainstream, hab ich keinen Bock drauf!"

a² + b² = d00f?

— Köln. In der Bahn Richtung Troisdorf.

Zwei Jugendliche (ca. 16) sitzen in der Bahn neben mir. Beide unterhalten sich lautstark.

#1: „Ey Alda, die vom Gymnasium sind voll bescheuert! Isch hab heut gesehen, die rechnen mit Buchstaben!"

streichholz statt schokoriegel

— Zingst. Im Jens-Markt.

Mehrere Jugendliche (ca. 14 bis 16) kaufen Chips, Erdnussflips, Schokolade usw. Plötzlich bleibt einer im Gang stehen und meint nur:

„Das is' doch alles scheißlangweilig! Lass mal Reetdach anzünden gehen, Alder."

ghetto-goethe

— Köln. In der S-Bahn.

Ein ca. 16-jähriges Mädchen liest ein Buch. Bekleidet ist die junge Dame unter anderem mit weißen Kunstlederstiefelchen und der stilistisch passenden Restaufmachung. Als sie an eine besonders lustige Stelle ihrer Lektüre kommt, rutscht ihr spontan raus:

„Höhööö, watt'n Assi, der Faust!"

positiv: langer akku, negativ: kein stand-by-modus

— Hude bei Oldenburg.

Bei der Arbeit. Eine Kollegin, die zurzeit in Elternzeit ist, kam uns bei der Arbeit besuchen, um uns ihre wenige Wochen alte Tochter zu zeigen.

Ein technisch sehr versierter Kollege: „Und, bist du zufrieden mit ihren Features?"

außen stachelig, innen weich

— *Lobstädt. Im Bus.*

Im völlig mit Schülern (Gymnasium, Förderschule und Grundschule) überfüllten Bus. Ein kleiner Junge bewirft einen größeren, der durch seinen schlechten Ruf bekannt ist, mit einer Kastanie.

Der Beworfene (dreht sich um): „Ey! Wer war das?"

Er erblickt den kleinen Werfer.

„Hast du 'nen Vollknall, mit einer Kastanie zu werfen?! Daraus hätte man 'nen Igel basteln können!"

DIE WIRREN –
„DARAUS HÄTTE MAN 'NEN IGEL BASTELN KÖNNEN!"

Unsere Welt dreht sich immer schneller – und manch einer wird dabei aus seiner eigenen Umlaufbahn geschleudert. Statt mit Multitasking warten solche Gegenwartsgeschädigte mit multiplen Persönlichkeiten auf – gemeinsam lässt sich der Stress des Alltags ja auch viel besser bewältigen. Es sind die Verwirrten und Berauschten, die mit ihren schrägen Tönen Pep in die Sprachsymphonien unseres Landes bringen. Sie sind tragisch und erfrischend zugleich und sie stecken ein wenig in jedem von uns. Nach all der Zeit sind sie zu unseren Lieblingen geworden, denn für uns sind sie der Beweis, dass im gut geölten Getriebe unseres Daseins immer noch Platz für das ein oder andere Sandkorn bleibt.

mensch-tier-ehe: doch legal?

— *Oldenburg. Beim Tierarzt.*

Ich sitze mit meiner Katze im Wartezimmer. Die Tür zum Empfang ist dort immer geöffnet. Da kommt eine Frau mit einer kleinen Transportbox rein und sagt, dass ihr Mäxchen zur Nachuntersuchung muss. Um das Tier zuordnen zu können, fragt die Arzthelferin:

„Wie ist denn der Nachname?"

Kundin (sichtlich irritiert): „Ähm … Meerschweinchen?"

dieses gespräch ist richtungsweisend

— *Kastellaun. Brüderweg 164.*

Auf der Nature One. Ein offensichtlich unter Drogen stehender junger Mann wankt auf ein ebenso unter Drogen stehendes Mädchen zu.

Er: „Entschuldigung, wo geht's hier geradeaus?"
Sie: „Da vorne links!"

hätte er ihn doch nur einfach rausgeschubst

— *Köln. In der Tramlinie 18 zwischen Hauptbahnhof und Neumarkt.*

Die Bahn ist gerammelt voll und kann nicht losfahren, weil jemand in der Lichtschranke der Tür steht. Ein Mann wendet sich an den Lichtschranken-Blockierer.

Mann: „Sie stehen in der Lichtschranke."
Typ: „Ah, danke, kann man ja nicht wissen."

(Pause)

Typ: „Ähm, haben Sie vielleicht 'n Euro?"
Mann: „Nein."
Typ: „Warum?"
Mann (verdutzt): „Weil ich pleite bin."
Typ: „Warum?"
Mann: „Was geht Sie denn das an?"
Typ: „Nehmen Sie Drogen?"

Nun sind auch alle Umstehenden verdutzt und der Mann beschließt, nicht mehr zu antworten.

Typ: „Haben Sie eine Freundin?"

(Mann schweigt)

Typ: „Haben Sie ein Auto?"

(Mann schweigt)

Typ: „Können Sie wenigstens Fußball spielen?"

argument vor der zerreißprobe

— *Bremerhaven. Stadtmitte.*

Auf dem Nachhauseweg von einer Hochschulparty. Zwei Polizistinnen stoppen das Auto.

Polizistin: „Guten Tag. Verkehrskontrolle, Führerschein und Fahrzeugpapiere, bitte."

Die Fahrerin sucht und findet ihren Führerschein und die Kopie des Fahrzeugscheins. Sie übergibt beides der Polizistin.

Polizistin: „Ja, Sie wissen aber, dass das nur eine Kopie des Fahrzeugscheins ist und Sie das Original mit sich führen müssen?"
Fahrerin: „Ja, das tut mir leid. Mir wurde immer gesagt, ich solle das Original nicht im Auto haben…"
Polizistin: „Aber Ihnen ist doch klar, dass wenn ich die Kopie Ihres Fahrzeugscheins zerreiße, dann haben Sie nichts mehr!"
Fahrerin (leicht verwirrt): „Ja, aber wenn Sie das Original zerreißen, habe ich doch auch nichts mehr?"

was ist komischer: frage oder antwort

— *Bochum. In einer Bäckerei.*

Kundin: „Sind die Quarktaschen mit etwas gefüllt?"
Verkäuferin: „Ähm, weiß ich auch nicht genau, aber auf jeden Fall ist nix Ekliges drin."

die dippoldiswalder relativitätstheorie

— *Dippoldiswalde.*

Vier Hauptschüler machen eine Schneeballschlacht (zwei gegen zwei). Es entsteht die Frage, wie weit der Mindestabstand sein soll.

#1: „Wir sind weiter weg, also dürfen wir näher rankommen!"

der braune ritter

— *Köln. In der Bahn.*

Vier Jungs (ca. elf) unterhalten sich ganz aufgeregt über irgendein Computerspiel. Das Gespräch wird mehr oder weniger geleitet von einem etwas dicklichen und sehr redseligen Jungen, der die anderen Jungs stets mitten im Satz unterbricht. Schließlich geht das Gespräch über zum Thema Fantasie. Der kleine Dickliche meint zu dem zarten Burschen neben ihm:

„Ach, du hast doch keine Fantasie. Aber ich sag dir, ich habe Fantasie. Und weißt du wieso? Immer wenn ich auf Klo sitze, nehme ich mein Schwert mit und tu so, als wär ich ein Held."

der böse wolf im urbanen dschungel

— *Berlin. Alexanderplatz.*

Auf der Rolltreppe von der U-Bahn zur S-Bahn. Eine Frau mit einem knallroten Mantel eilt auf der Rolltreppe an einem großen, bärtigen Rocker vorbei. Dieser ruft für alle gut hörbar hinterher:

„Geh nicht zu schnell in den dunklen Wald, Rotkäppchen!"

namen sind ihm sowieso egal

— *Aachen. Beim Arzt.*

Im Wartezimmer. Gegenüber sitzt ein älterer Herr. Die Sprechzimmerdame kommt rein.

Sprechzimmerdame: „Herr Lohse?"

Niemand reagiert, sie geht verdutzt wieder raus. Nach 30 Sekunden schaut uns der ältere Herr an.

Der ältere Herr: „Sagte sie gerade ‚Herr Lohse'?"
Wir: „Ähm...ja?"
Er: „Oh, das bin ja ich...Ich dachte, heut' bin ich wer anderes!"

Daraufhin steht er seelenruhig auf und lässt uns verdutzt sitzen.

leben retten für dummies?

— *Bremen-Vegesack. Während des Vegefests 2011.*

Draußen regnet es. Ich habe mich in einen Bücherladen gerettet. Während ich mich umschaue, kommen zwei Sanitäterinnen in voller Montur in den Laden.

Sani #1: „Haben Sie auch Bücher über Erste Hilfe oder Rettungsdienst oder so?"
Verkäuferin: „Nein, aber ich kann sie Ihnen bestellen."
Sani #2: „Na wenn, brauchen wir die jetzt."

noch 'ne frau … supergau

— *Wuppertal. Im Bus.*

Ein Mann und eine Frau begegnen sich. Sie scheinen einander zu kennen.

Sie: „Hallo, wie geht es Ihnen so?"
Er: „Dat Leben läuft halt irgendwie."
Sie: „Und? Was macht die Frau so?"
Er: „WAT?! Ich hab 'ne Frau?! Ach du Scheiße …"
Sie: „… Ähh … beim letzten Mal habe ich Sie doch mit Ihrer Frau zusammen getroffen, oder?"
Er: „Ach so, DIE … von der habe ich mich schon längst scheiden lassen."
Sie: „Oh, das tut mir aber leid!"
Er: „Nich schlimm! Aber Sie glauben nicht, was für einen Schrecken Sie mir eingejagt haben!"

hanswurst in uniform

— *Kiel. In einem Penny-Markt.*

An der Kasse. Die Kassiererin schaut eine Kundin verwirrt an.

Kassiererin: „Gerade war ein Mann hier, der wollte wissen, ob wir Wurstwasser im Sortiment haben."
Kundin: „Ich hoffe, Sie haben ihn ordentlich ausgelacht!"
Kassiererin: „Das ging nicht!"
Kundin: „Warum?"
Kassiererin: „Der trug eine Polizeiuniform."

mein persönlicher tempo-engel

— *Recklinghausen.*

Fünf Uhr morgens. Wir sitzen im Taxi nach Hause. Eine Freundin hat deutlich zu viel getrunken und signalisiert plötzlich, dass sie sich übergeben muss. Der Taxifahrer hält bereitwillig an und steigt sogar noch aus, geht um den Wagen herum und reicht ihr Papiertaschentücher. Danach geht die Fahrt weiter.

(Pause)

Plötzlich sie total verblüfft:

„Wer war dieser Mann?"

Das 17-uhr-meeting mit dem sohnemann

— *Dresden. Im Kaufland.*

Ein kleiner Junge (ca. zwei) bittet seinen Vater um ein Eis. Sein intellektueller, sicherlich eher selten einkaufender Vater entgegnet:

„Ich habe zur Eisfrage bereits abschließend Stellung bezogen!"

ganz kleine fische auf der flucht

— *Neuss. Zu Hause.*

Ich sitze mit meiner Frau auf unserem Balkon und höre die Abendnachrichten unseres lokalen Radiosenders. Der Moderator liest folgende Meldung vor:

„Gestern sind zwei Männer in eine Fischzucht eingebrochen und haben 20 Störe geklaut. Zurück blieben eine riesige Pfütze und ein grauer Baumwollschlüpper. Gesucht werden jetzt zwei Männer, einer davon hat keinen Schlüpper mehr und beide stinken nach Fisch."

ene, mene, muh, und hier schläfst du...

— *Berlin. Otto-Suhr-Allee.*

Sonntagmorgen, kurz vor neun Uhr. Ich liege im Bett und höre, wie mein Nachbar ziemlich betrunken vor dem Haus herumrumort. Er steht dabei der Hausseite zugewandt, wo die Balkone unserer 45 Mietparteien zu sehen sind. Schließlich höre ich ihn reden:

„So viele Wohnungen und ich weiß gar nicht, welche meine ist..."

philosoph kommt wohl doch von „viel saufen"

— *Köln. U-Bahn Linie 18.*

Auf der nächtlichen Heimfahrt von Köln nach Brühl. Schräg gegenüber sitzt ein schwerstalkoholisierter Mann. Auf einmal brüllt er quer durch den Waggon:

„Alles, was dahin gehört, wo's hingehört, gehört dahin, wo's hingehört!"

Nach einer kurzen dramatischen Pause dann noch ein wenig lauter:

„Das gilt für alles!"

sündenfall mundgeruch?

— *Dresden. In der Straßenbahn.*

Eine Handvoll Zweitklässler redet über den Sündenfall.

#1: „Also, Gott wird schon auch mal wütend. Zum Beispiel bei dem ersten Jungen und dem ersten Mädchen. Da war der vielleicht wütend. Weil das Mädchen von der verbotenen Frucht gegessen hat."
#2: „Was war denn das für 'ne Frucht?"
#1: „Na, 'ne Zwiebel! Eine verbotene Zwiebel."
#3: „Stimmt."
#4: „Und wieso hat die die Zwiebel gegessen?"
#1: „Na, die Schlange hat das Mädchen gezwungen, die Zwiebel zu essen. Und dann hat das Mädchen den Jungen gezwungen, die Zwiebel zu essen."
#4: „Und wie hat die Schlange das gemacht? Das geht doch gar nich."
#2: „Na, die konnte doch reden, die Schlange!"
#1: „Genau, die hat gesagt: ‚Schau mal, hier die Zwiebel, iss die mal, die ist auch gar nich kaputt!'"
#3: „Ich hätt die nie gegessen. Ich mag keine Zwiebeln."
#4: „Na is' vielleicht auch besser so. Die war bestimmt giftig."
#2: „Na gut, dass die sehr selten sind, diese verbotenen Zwiebeln. Ich mein, es gibt ja auch normale Zwiebeln, aber die verbotenen sind zum Glück echt selten."

was zum knabbern gefällig?

— *Heidelberg. Bei einem Lidl an der Kasse.*

Ein älterer Herr und eine ältere Frau an der Supermarktkasse. Er hat seinen Wagen mit Gemüseabfällen gefüllt. Sie spricht ihn an.

Frau: „Oh, haben Sie Kaninchen zu Hause?"
Mann (schaut etwas hilflos): „Ja."
Frau (ahmt in unnachahmlicher Weise das Gesicht eines Kaninchens nach): „Knabber knabber knabber! Knabber knabber knabber!"

anmache des jahres

— *Bielefeld. Vor einem Musikgeschäft am Jahnplatz.*

Ich schaue mir CDs an, die vor einem Musikgeschäft ausgestellt sind. Auf einmal merke ich, dass mich ein Obdachloser beobachtet und sich mir langsam nähert. Als ich mich umdrehe und ihn frage, was los sei, antwortet er:

„Oh Entschuldigung, du siehst von hinten aus wie jemand, den ich von vorne kenne."

die einmal-tradition

— *Marienhafen. Im Weser-Ems-Bus.*

Zwei Mädchen (ca. 17) unterhalten sich über den Geburtstag der Mutter.

#1: „Ich schenk meiner Mutter jedes Jahr immer dasselbe. Jedes Jahr die gleichen Ohrringe. So längliche mit Steinen. Voll langweilig."
#2: „Dann überrasche sie doch dieses Jahr mal mit was anderem!"
#1: „Nee, ich schenk sowieso wieder dasselbe. Weiß ich jetzt schon."
#2: „Dann muss deine Mutter da ja schon 'ne ganze Sammlung von haben!"
#1: „Nee, hab ja erst letztes Jahr damit angefangen."

alte bekannte

— *Lüneburg.*

Ein kleiner Junge geht mit seinem Vater den Hund Gassi ausführen. Er fragt ganz beiläufig:

„Du Papa, wie lange kennen wir uns eigentlich schon?"

trotz 200 dezibel: die botschaft kam nicht an

— *Wien. Im Bus.*

In einem Bus hört ein Mädel mit Kopfhörern laut hörbare Musik über ihren MP3-Player. Eine alte Frau schaut sich das längere Zeit an. Dann sieht sie ihre Chance gekommen, die Jugend von heute auf subtile Weise aufzuklären. Sie pirscht sich von hinten an das Mädchen ran und schreit ihr dann aggressiv ins Ohr:

„UND MIT 30 BIST DU TAUB!!!"

Das Mädchen ist völlig verdutzt und steht auf.

Mädchen: „Natürlich können Sie sich hinsetzen. Das kann man aber auch normal sagen."

eierjagd im supermarkt

— *Gelnhausen-Meerholz. Edeka im Bruchweg.*

Beim Einkaufen stehe ich neben einem anderen Kunden, der genau wie ich irgendetwas im Regal sucht. Plötzlich taucht eine Verkäuferin mit einem weiteren Kunden im Schlepptau auf und wendet sich an meinen Nebenmann:

Verkäuferin: „Sie waren doch schon mal hier einkaufen oder?"
Der Kunde neben mir: „Ja schon, wieso?"
Verkäuferin: „Wissen Sie zufällig, wo die Eier stehen?"

hier bellt nur der boss!

— *Stuttgart. U-Bahn-Haltestelle Charlottenplatz.*

Ein Mann mittleren Alters mit Hund verabschiedet seine Frau lautstark an der Bahnsteigkante. Der Hund bellt und kläfft, als Frauchen davonrauscht.

Mann (zu seinem Hund): „Frauchen ist jetzt weg, das Frauchen ist nicht mehr da."

Der Hund bellt weiter, der Mann sichtlich genervt.

Mann: „Ey, jetzt halt deine Fresse, Mann! Wer ist hier das Herrchen? Bist du etwa das Herrchen? Das glaub ich nicht, ich bin das Herrchen!"

guter start, schlechtes finish

— *Bonn. Im McDonald's.*

Kunde: „Ich hätte gerne eine Apfeltasche."
Verkäuferin: „Tut mir leid, die sind aus."
Kunde (überlegt einen kurzen Moment): „Hm, o.k., dann nehm' ich sechs Cheeseburger!"

wo ich bin, ist hier

— *Nürnberg. Kloster St. Katharina.*

Beim Nürnberger Bardentreffen, etwa 100 Meter vor der Bühne. Alles drängt nach dem beendeten Konzert nach Hause. Auf einem erhöhten Podest steht ein sichtlich angeheiterter Mann, an dem einen Ohr sein Handy, im anderen Ohr sein Finger. Der Mann schreit überlaut in sein Telefon:

„Ah, du bist's... Wo bist du? Weil wir sind hier."

(Kurze Pause)

„Wo ist hier, weil WIR sind hier!"

(Kurze Pause, er guckt hilfesuchend senkrecht nach oben in die Finsternis)

„Komm nach... hier, wir warten dann, tschüss!"

Er legt auf und guckt sein Handy an.

Sein Nebenmann: „Und wo ist sie?"
Mann: „Sie ist hier, wir warten hier auf sie."

was katzenberger kann, kann katz schon lang

— *Hamburg. In der U-Bahn.*

In der U-Bahn. Zwei einander unbekannte Frauen, Mitte 40, sitzen nebeneinander. Die eine liest in einer losen Blattsammlung.

#1: „Was lesen Sie denn da?"
#2: „Einen Auszug aus einer Biografie eines Musikers."
#1: „Interessant, ich schreibe gerade auch eine Biografie…über meine Katze."

bei ihr hat's nicht geklingelt

— *Itzehoe. Zu Hause.*

Es klingelt an der Haustür, meine Tante öffnet. Zwei Polizisten stehen vor der Tür.

Polizist #1: „Entschuldigen Sie die Störung…"
Tante: „Kein Problem, ich musste sowieso an die Tür."
Polizist #2: „Wieso?"
Tante: „Es hat geklingelt."

staatsverrad

— *Marburg/Lahn.*

Ich gehe am Lahnufer spazieren. Plötzlich kommt mir ein Typ entgegen, der ein kaputtes Fahrrad in der Hand hält.

Typ: „Is' ganz schön schwer..."

(Wirft das Fahrrad in einen Busch.)

Typ: „Diese scheiß Republik!"

neue hose dank zwangsneurose

— *Greifswald. In der Fußgängerzone.*

Eine sehr tussig aufgestylte Frau zieht ihren etwa vier Jahre alten Sohn an der Hand hinter sich her in Richtung H&M.

Sohn: „Mama! Müssen wir wirklich schon wieder zu H&M?"
Mutter: „Ja. Ich brauche was zum Anziehen."
Sohn: „Aber wir waren doch diese Woche JEDEN Tag da!"

Die Mutter bleibt stehen, hält ihn an den Schultern und schaut ihm tief in die Augen.

Mutter (mit dramatischer Stimme): „Hör jetzt auf. Es MUSS sein. Es geht nicht anders."

die antwort ist die frage

— *Im ICE von Berlin nach Nürnberg.*

Eine Frau geht ins Bord-Bistro und verlangt Frankfurter Würstchen.

Bordbistromann: „Mit Brot oder mit Kartoffelsalat?"
Frau: „Was ist denn der Unterschied?"

gescheiterte salamitaktik

— *Wanne-Eickel. Am Bahnhof.*

Ein junger Mann steht an der Bushaltestelle und wartet offensichtlich auf einen Bus. Immer wieder blickt er nervös auf seine Uhr und dann wieder auf den nahe gelegenen Kiosk. Endlich fasst er sich ein Herz und rennt in den Kiosk. Der Bus kommt, der junge Mann stürzt hektisch aus dem Kiosk heraus – zu spät. Der Bus fährt schon, ohne ihn. Der Mann blickt auf die Plastikpackung in seiner Hand und murmelt:

„Scheiß Bifi!"

der feine unterschied zwischen mann und frau beträgt genau 0,42%

— *München. In der U-Bahn am Sendlinger Tor.*

Ein Typ mit langen Haaren, Bart, Mantel und Hornbrille unterhält sich mit einem Freund.

Typ: „Meine Freundin hat mich letztens beim Fremdgehen erwischt. Boah, hat die sich aufgeregt! Ich hab ihr dann erklärt, dass so etwas höchstens einmal im Monat vorkommt. Dann is' sie noch mehr ausgetickt. Ich hab ihr dann vorgerechnet, dass drei Stunden Fremdgehen alle 30 Tage bedeutet, dass ich zu über 99,58% treu bin. Mann, so sicher ist nicht mal die Stromversorgung in ganz Europa! Also zumindest jetzt im Winter. Menschen, die so treu sind, hätten eigentlich mehr Anerkennung verdient. Na ja, leider hat das alles nicht geholfen. Hat Schluss gemacht. Jetzt frag ich mich: Können Frauen nicht Prozentrechnung? Oder ist 99,58% nicht treu genug? Ey, was stellt die Alte sich eigentlich vor?"

Kumpel (im tiefsten Bayrisch): „Jo mei, die hat halt an Arsch offen."

DIE TRAUMPRINZEN – „IST 99,58 % NICHT TREU GENUG?"

Kann denn Liebe Sünde sein? Betrachtet man die nächsten Seiten, muss man das mit einem klaren Nein beantworten. Denn in Deutschland wird in Sachen Liebe mittlerweile sehr direkt zur Sache gegangen. Frei nach dem Motto: schnell, oft und möglichst unkompliziert. Was gesagt werden muss, wird gesagt und in den meisten Fällen auch ganz gut verstanden. Je oller das Klischee, desto doller – Mario Barth lässt grüßen. Doch trotz aller Liebestollheit, der deutsche Casanova bleibt ein Beziehungsingenieur – gut durchdacht, aber so sexy wie ein Schraubenzieher. Dass es dennoch irgendwie klappt, ist uns bisweilen ein Rätsel. Vielleicht kennen Sie ja die Lösung? Viel Vergnügen mit den Traumprinzen und Superweibern unserer Nation.

wenigstens nimmt sie es mit humor

— Dortmund. Vor einem Aldi.

Ein asozial angehauchtes Paar (ca. 50) auf dem Aldi-Parkplatz. Er räumt gerade die Einkäufe ins Auto, als ein alter Jaguar vorbeifährt.

Er: „Ich wollte auch schon immer so STINKREICH sein!"
Sie (liebevoll): „Na ja, die Hälfte hast du ja schon mal geschafft!"

bei dem preis steigt nur der blutdruck

— Paderborn. In einer Apotheke.

Ein Kunde (ca. 50) betritt die Apotheke und überreicht der Apothekerin sein Rezept. Sie geht damit in den hinteren Teil der Apotheke und kommt mit einem Medikament, diskret in einer Tüte verpackt, zurück.

Apothekerin: „120 Euro bitte."
Kunde: „Wie bitte? 120 Euro?"

Die Apothekerin erklärt freundlich, dass es sich um ein sogenanntes Lifestyle-Medikament handelt und dieses leider keine Kassenleistung ist.

Kunde: „Ach so. Okay. Nee, dann lasse ich das. Mit der Geliebten klappt's auch so und mit meiner Frau ist es mir eh egal."

meins, deins, unsers

— *Im Zug von Altenbeken nach Warburg.*

Ein junges Pärchen unterhält sich.

Er: „Ich will im Mai zum Ozzy-Konzert."
Sie: „Wann ist das denn genau? Ich will wohl mit."
Er: „Weiß ich nicht mehr genau, gib mir mal bitte mein Handy. Das ist in deiner Handtasche."

Sie kramt alles Mögliche aus ihrer Tasche raus, bis sie schließlich das Handy findet. Sofort beginnt sie, wild an seinem Handy zu spielen, um das Gesuchte im Internet zu finden.

Er: „Hörst du mal auf, das Handy kaputt zu machen? Und wieso machst du das jetzt, das ist doch mein Handy!"
Sie (völlig trocken): „Schatz, in dem Moment, in dem du sagtest: ‚Ich liebe dich!', hast du sämtliche Rechte und Ansprüche an deinen Sachen verloren!"

er findet sie zum schießen ...

— *Düsseldorf. Im Ikea.*

Ein junges Paar schlendert durch die Gänge. Vor ihnen läuft eine Frau mit einem ausgeprägten Hinterteil.

Sie: „Schatz, wenn ich einmal so einen Hintern hab, erschieß mich bitte!"
Er: „Peng."

der alg-II-amor

— *Berlin. In der U7, Haltestelle Halemweg.*

Zwei Mädchen unterhalten sich.

#1: „Ich habe einen neuen Freund."
#2: „Echt, warum?"
#1: „Ist egal, das ist er."

Sie zeigt ihr irgendwas auf ihrem Handy.

#2: „Boah, is' der hässlich. Und du liebst ihn, ja?"
#1: „Nein, ich mag nur sein Geld."
#2: „Ach so, was arbeitet er denn?"
#1: „Mein Freund? Der ist Hartz-IV-Empfänger."

ob das ein guter start wäre?

— *Lüdenscheid.*

Zwei Kinder (ca. acht) stehen vor dem Schaufenster eines Juweliers und betrachten die Eheringe.

Sie: „Wir suchen jetzt Hochzeitsringe aus. Welche findest du am schönsten?"
Er: „Die da!"
Sie: „Nee, die gefallen mir nicht. Wir nehmen die da. Ich bin die Frau, ich darf das aussuchen! Der Mann darf nur fragen, ob man heiratet."

alüscha, alüscha, écoute-moi!

— *München. In der U-Bahn, am Scheidplatz.*

Ein Mann schreit im Streit einer Frau hinterher, die beschleunigten Schrittes vor ihm Reißaus nimmt.

Er: „Alüscha! Alüscha! Jetzt warte doch! Alüscha!"

Die gesamte U-Bahn dreht sich um. Er läuft ihr hinterher und greift sie am Arm. Sie reißt sich los und sagt:

„Du kannst nach drei Jahren noch nicht mal meinen Namen richtig aussprechen! Was willst du eigentlich noch von mir?"

und zu hause spielt der trauermarsch?

— *Dortmund. Im Konzerthaus.*

Beim 10. Philharmonischen Konzert. Ungefähr zwei Minuten nach Beginn ertönt in einer Pause aus den vorderen Reihen eine Handymelodie. Einige fangen an zu tuscheln, als sich plötzlich der Dirigent umdreht und ohne die Miene zu verziehen sagt:

„Wenn es meine Frau ist: Ich hab zu tun."

Ohne ein weiteres Wort dreht er sich um und beginnt das Stück von vorn.

er nimmt lieber das konto auseinander

— *Bremen. In einem großen Elektronikmarkt.*

Ein älterer Herr mit einem Umtauschbeleg und einem Karton mit einer relativ teuren digitalen Spiegelreflexkamera darin ist mit dem Bezahlen dran.

Junge Kassiererin (sehr freundlich): „So, das macht dann noch mal 257 Euro und 35 Cent, bitte."

Wortlos und völlig unmotiviert nimmt der Mann seine Geldbörse und sucht seine EC-Karte.
Seine Frau, die außerhalb des Kassenbereichs auf einer Bank sitzt und wartet, hat alles genau mitverfolgt und kommentiert:

„Na? Ich dachte, du wolltest den ganzen Laden auseinandernehmen?"

höchste zeit sich zu verduften...

— *Trier. Vor der Porta Nigra.*

Ein Mann zwischen 20 und 25 zeigt seiner Freundin seine Einkäufe.

Mann: „Guck mal... und das sind Duftkerzen."
Freundin: „Schwuchtel."

hoffentlich macht sie nicht ernst

— Köln-Chorweiler. In einem Supermarkt in der Schlange.

Ein ziemlich knösiges Pärchen vor mir in der Supermarkt-Warteschlange.

Sie: „Ich war gerade bei Triumph!"
Er: „Für wat denn das?"
Sie: „Na für Dessous zum Kaufen."
Er: „Warum das denn?"
Sie: „Na für dich!"
Er: „Ach du Scheiße!"

die besten beziehungstipps – teil 1

— Reutlingen. Wilhelmsstraße.

Zwei ungefähr zehnjährige Mädels laufen vor mir.

#1: „Ja und was sagen deine Eltern dazu?"
#2: „Weiß nicht, ich hatte noch nie einen Freund."
#1: „Ich schon."
#2: „Und was macht man dann so mit 'nem Freund?"
#1 (stolz): „Ja, also ich hab manchmal mit ihm geredet und einmal haben wir Händchen gehalten. Aber das war mir dann alles viel zu stressig…"

die besten beziehungstipps – teil 2

— *Hamburg. U1 zwischen Wandsbek und Hauptbahnhof.*

Neben mir sitzen zwei gestylte Checker (ca. 15 bis 16) und unterhalten sich lauthals über Frauen. Checker #1 hat anscheinend eine neue Freundin und bittet Checker #2, der offenbar mehr Erfahrungen hat, um ein paar Ratschläge in puncto Frauen, Erotik und Sex und wie er seine neue Flamme denn am besten zum Höhepunkt bringen könne. Checker #2 überlegt kurz und guckt seinen Kumpel dann sehr ernst an:

„Digga, mach dir kein Kopf! Wenn der Mann zum Orgasmus kommt, ist die Frau automatisch im Paradies!"

empathie eines handwerkers

— *Erlangen. Beim Frauenarzt.*

Im Wartezimmer unterhält sich ein junges Pärchen über die Spirale und das Einsetzen derselben.

Sie: „Das tut sicher total weh!"
Er: „Ach, das wird schon, is' doch wie 'nen Dübel in die Wand hauen!"

der unterschied zwischen online und offline

— Wien. In der Straßenbahn Linie 1.

Freitagabend. Ein junges Mädchen (ca. 20) telefoniert:

„Ey, wieso muss ich dich anbetteln, mich auf Facebook zu adden? Wir schlafen sogar miteinander!"

update unter der gürtellinie

— Hannover. In einem Bus.

Zwei junge Mädels in Reitklamotten (ca. 16) unterhalten sich. Plötzlich platzt das eine Mädchen laut heraus:

„Also wenn ich dem schon einen blase, dann kann er doch wenigstens seinen Beziehungsstatus bei Facebook ändern!"

tausche döner gegen ehering

— *Hamburg Eimsbüttel.*

Um die Mittagszeit. Ich koche bei offenem Fenster und lausche den beiden jungen Malern auf dem Gerüst.

#1: „Boah, riecht das ma wieder lecker."
#2: „Mhmmm."
#1: „Ich muss auch bald mal heiraten."
#2: „Ich brauch auch 'ne Olle. Ich kann kein Döner mehr sehen."

im bierdunst verloren

— *Hamburg. In der S-Bahn.*

Vor mir sitzen zwei Mädels, so ungefähr 16 Jahre. Die eine hat gerade eine SMS bekommen.

#1: „Wer hat denn geschrieben?"
#2 (seufzt): „ER schon wieder."
#1: „Was will der denn?"
#2: „Er hat geschrieben ‚Wo bist du :(?'"
#1: „Er hat's nicht gecheckt, oder?"

Mädel #2 will anscheinend gerade zurückschreiben, da bekommt sie noch eine SMS.

#2 (nüchtern): „O.k., er ist betrunken."
#1: „Woher weißt du das denn?"
#2: „Jetzt schreibt er ‚Wo bin ICH?'"

elefant im porzellanladen

— *Schauenburg. Im Bus.*

Ein junges Pärchen unterhält sich, es geht um seine Exfreundin.

Er: „Du kannst dir ganz sicher sein, dass ich sie nicht mehr zurückwill und bei dir bleibe!"
Sie: „Warum soll ich mir da so sicher sein?"
Er: „Na ja, warum soll ich einen Goldbarren nehmen, wenn ich einen ganzen Elefanten aus Gold haben kann?"

diese probleme möchte man haben

— *Düsseldorf. In der Altstadt auf einem Parkplatz.*

Ein Typ steigt aus dem Auto und gibt seiner hübschen Freundin einige Scheine.

Er: „Hier, kauf dir was Schönes davon."
Sie: „Oh danke!"

(Pause)

Sie (stirnrunzelnd): „Hmm, seitdem ich keinen BH mehr trage, weiß ich gar nicht, wo ich das ganze Geld hintun soll."

es gibt noch viel zu lernen

— *Winterthur. Im Zug.*

Ein Junge und ein Mädchen sitzen hinter mir.

Er: „Hey, wie macht man eigentlich mit jemandem Schluss?"
Sie: „WAS? Du willst mit mir Schluss machen?"
Er: „Neeeeeee... ned mit dir..."

Das Mädchen steht auf und geht.

sexy eis und großes kino

— *Mannheim. Im Cinemaxx-Kino.*

Wir sitzen im Kino und warten darauf, dass die Werbung endlich aufhört und der Film beginnt. Prompt geht das Licht an und ein ziemlich gelangweilter Eisverkäufer fragt laut ins Kino:

„Will noch jemand Eis...?"

Es vergehen einige Sekunden und niemand reagiert.

„... oder vielleicht doch lieber Sex mit mir?"

lügen haben lange telefonrechnungen

— *Bonn. Im Zug.*

Im Zug von Bonn nach Meckenheim sitzt mir ein ca. 18-jähriges Mädchen gegenüber und telefoniert weinend mit ihrem Freund:
„Nein Schatz, ich liebe dich über alles, ich will dich niemals verlieren, ich gehe dir nicht fremd! Das würde ich niemals tun…"

Nachdem sie zehn Minuten lang ihre Treue beteuert hat, beendet sie das Gespräch. Offensichtlich ist die Beziehung gerettet. Sofort wählt sie erneut und sagt lautstark in ihr Telefon:

„Paul, wir müssen vorsichtig sein, ich glaube, Max vermutet was."

sätze für die ewigkeit

— *Saarbrücken. In der Diskothek „Garage".*

Ein Pärchen streitet sich lautstark auf der Tanzfläche, allerdings ist die Musik so laut, dass man trotzdem kein Wort versteht. Doch dann kommt die berühmte Pause zwischen zwei Liedern und man hört sie durch die ganze Diskothek schreien:

„…UND DU DARFST MIR NIE WIEDER INS GESICHT SPRITZE!!!"

over and out

— *Schrobenhausen. Im Edeka.*

Samstagabend. Vor mir steht eine junge Frau (ca. 20) an der Kasse. Plötzlich klingelt das Telefon des Mädchens.

Mädchen: „Ja hallo? Du, is' grad schlecht zum Reden. Ich bin grad beim Einkaufen und dann fahr ich zu 'ner Freundin und mir wär's eh am liebsten, wenn du mich nie wieder anrufen würdest."

Und legt auf.

organcheck vor dem ersten date

— *Hemmoor. Am Schulzentrum.*

Zwei Haupt-/Realschüler (ca. zehn) überlegen, wie der eine von ihnen seiner Herzdame ein Kompliment machen könnte.

#2: „Mein Paps sacht immer was von ‚innere Werte' oda so ... glaub, der meint nicht nur so außen gucken."

#1 überlegt kurz und fängt dann breit an zu grinsen.

#1: „Ey, isch hab's! Hör ma: ‚Ey Schnucki! Du hast voll krass geile Leber!'"

mit jeder neuen liebe kommt ein neues leben

— *Bonn. In einem Café am Kaiserplatz.*

Zwei Männer (ca. 40) unterhalten sich über die Freundin eines gemeinsamen Bekannten:

„Sie ist aber schon die Frau seines Lebens... momentan?"

flirtkatastrophen zu halloween – teil 1

— *Bottrop. In der Disco „Prisma".*

Eine junge Frau kommt auf einen an der Bar rumstehenden Typ zu.

Sie: „Kannst du tanzen? Tanzen wir?"
Er: „Nee, ich bin eher so der Ficker."

flirtkatastrophen zu halloween – teil 2

— *Dresden.*

Auf der Unity-Night, einer Techno-Party in der Karstadt-Tiefgarage. Ein auf Checker gestylter Typ fragt ein Mädchen (wegen der lauten Musik in ihr Ohr brüllend):

„Krisch deine Nummer, Baby, Alter?"

schatzi bis der tod euch scheidet

— *Bei Bern (Schweiz). Im Zug.*

Zwei Sitze weiter telefoniert ein junges Mädchen (um die 18) lautstark mit ihrem Freund. Aus dem Gespräch geht hervor, dass er sie wohl wegen seiner niedergeschlagenen Stimmung versetzt hatte und er ihr nun schildert, wie es ihm gerade geht.

Sie: „Ja Schatzi, ich weiß, dass es dir nicht gut geht, Schatzi. Das tut mir ja auch leid, Schatzi. Aber weißt du, Schatzi, es ist kein Weg, sich deswegen umzubringen…"

Die Fahrgäste tauschen Blicke aus.

Sie (tröstend): „Nein, Schatzi, auch wenn's dir wirklich nicht gut geht. Weißt du, anderen Leuten geht's auch nicht gut und die bringen sich auch nicht um…"

Amüsierte Blicke zwischen den Fahrgästen.

Sie (inzwischen entnervt): „Nein Schatzi, wirklich nicht…du musst das auch gar nicht immer so sagen…das macht mich wütend! Ach, weißt du was? Dann tu es doch Schatzi!"

die masse macht's

— *Münster. In einem Supermarkt.*

Sehr lange Schlange an der Kasse und direkt neben dem Verkaufsstand an der Kasse ein Teeniepärchen (so um die 17). Beide diskutieren darüber, welche Kondome sie denn nun kaufen wollen.

Sie: „Ich will die in der bunten Dose. Die sieht so süß aus."
Er: „Nein, die sind doch viel zu teuer."
Sie: „Dann lass uns die mit Duftgeschmack nehmen."

So geht das bestimmt fünf Minuten lang und alle Leute in der Schlange sind schon total genervt, da die Unterhaltung auch nicht gerade leise ist. Irgendwann dreht sich der ältere Herr, der vor dem jungen Pärchen steht, um und greift zu deren Verwunderung demonstrativ die größte Packung. Das Pärchen schaut ein wenig verwirrt, sagt aber nichts.

Älterer Herr: „Wenn man verheiratet ist, zählt nicht, welche Verpackung am schönsten ist oder welche am besten riechen. Da zählt nur noch Masse."

kaffee oder koitus?

— *Berlin. KEH-Krankenhaus, Cafeteria.*

Sie und Er stehen vor mir in der Cafeteria an der Kasse. Die Verkäuferin fragt, was sie denn für die beiden tun kann.

Er: „Haben Sie hier auch Kondome?"

Die Verkäuferin schaut etwas irritiert und verneint die Frage. Daraufhin dreht sich der junge Mann zu seiner Begleiterin um und fragt:

Er: „Hm, willste dann vielleicht 'nen Kaffee?"

die evolution des vollrauschs

— *München. U-Bahnhof Theresienwiese.*

Durchsage während des Oktoberfestes:

„Ihr könnt's auch in die Bahnsteigmitte geh, da ham wir no Sitzplätze … In zwei Stunden werden des Liegeplätze, in drei Stunden …"

(Kurze Pause, dann ins Mikrofon gehaucht)

„…. Schmuuuseplätze … Hrrr …"

abend mit offenem ausgang?

– Krefeld. In einer Kneipe.

Zwei junge Männer (ca. 20) sitzen zusammen mit einem Mädchen (ca. 18) und einer Frau (ca. 40) und unterhalten sich.

Typ #1: „Du weißt schon, dass ich dich sehr mag? Bist einer meiner besten Kumpels!"
Typ #2: „Mmmhhhh."
Typ #1: „Ich könnte dich jetzt so knutschen…"
Typ #2: „Nee, lass mal besser!"
Typ #1: „Ja verstehe, deine Mum ist dabei…"
Typ #2: „Meine Mutter ist nicht das Problem, die ist lesbisch, aber meine Freundin!"

es ist ein langer weg zum telefonsex

– Düsseldorf.

Telefonat zwischen einem Kumpel und seiner optionalen Freundin.

Kumpel: „Was hast du an?"
Freundin: „Licht."

er rennt wohl eher vor ihr weg

— *Köln. In der S-Bahn.*

Ein Paar um die 40 unterhält sich über den Urlaub im kommenden Jahr.

Sie: „Wo fahren wir denn nächstes Jahr hin?"
Er: „Ich dachte, wir fahren mal nach Ägypten."
Sie: „Nee, was willste denn da? Also ich wäre eher wieder für den Schwarzwald, da ist es doch schön!"
Er: „Aber Klaus und Uschi fahren doch auch immer nach Ägypten und die sagen, da sei es wunderbar."
Sie: „Oh Mann! Du rennst aber auch immer nur der Herde hinterher...immer rennst du nur der Herde hinterher! Wenn Klaus und Uschi auf den Mond fliegen, muss ich dann auch da hin? Nein, also immer immer rennst du der Herde hinterher, nix kannst du alleine machen...immer nur der Herde hinterher... *(sie schüttelt vehement den Kopf und fängt an zu kreischen)* IMMER RENNST DU DER HERDE HINTERHER...ICH WILL DIE SCHEIDUNG!"

so kriegt man frauen rum

— *Ostfriesland. In einem Club.*

Ein Gespräch zwischen einem Mädel und einem Typen, die sich gerade kennengelernt zu haben scheinen. Sie hält einen ca. fünfminütigen Monolog, warum sie zurzeit kein Interesse an Männern hat. Egal ob Beziehung, Affäre, One-Night-Stand.

Sie: „Ja, so ist das eben."

Er legt seinen Arm um sie.

Sie: „Und was machen wir nun?"
Er: „Rum?"

…und das tun sie.

kinder sind ihr jacke wie hose

— *Hamburg. Im Karstadt.*

Ein Paar beim Einkaufen. Sie probiert eine Jacke an, offensichtlich fest entschlossen, diese zu kaufen.

Er: „Schatz, meinst du nicht, dass die ein bisschen teuer ist?! Wir brauchen ja auch noch Geschenke für die Kinder…"
Sie: „DU wolltest die Kinder!"

zu gut, um straight zu sein

– *Göttingen. In einem Café.*

Einen Tisch weiter sitzen zwei junge Frauen, augenscheinlich Studentinnen.

#1: „…und ich sag dir, der hat mir die ganze Zeit zugehört, das war voll…komisch."
#2: „Wie lange denn?"
#1: „Mindestens zwei Stunden und nicht nur so alibimäßig, sondern ich glaub ihn hat's echt interessiert."
#2: „Ist er schwul?"
#1: „Ja glaub. Hey, ich mein, er muss schwul sein. Schade, ich glaub, ich fand ihn nett."

stier oder jungfrau wäre ihm lieber

– *München. Beim Oktoberfest, am Bräurosl-Zelt.*

Jedes Jahr am ersten Sonntag des Münchner Oktoberfests steigt im „Bräurosl"-Zelt eine der größten Schwulen-Feten der Stadt. Zwei Typen (ca. 30) stehen dort am Zelteingang und knutschen minutenlang heftig miteinander, ohne ein Wort zu wechseln. Plötzlich löst sich der eine abrupt vom anderen und fragt:

#1: „Äh, was bist'n du eigentlich für ein Sternzeichen?"
#2: „Waage, wieso?"
#1: „Komm, vergiss es!"

…geht los und lässt #2 verdutzt stehen.

alles in butter

– *Marburg.*

Nachts an der Aral-Tankstelle in der Frankfurter Straße. Der Tankstellenshop ist geschlossen, aber der Nachtschalter ist besetzt. Zwei Männer treten an den Schalter.

#1: „Habt ihr Gleitcreme?"
Verkäufer: „Nein."
#1: „Gut, dann hätten wir gern zwei Flaschen Wodka und ein Stück Butter."

jeder hat sein päckchen zu tragen…

– *München. Nordheide vor dem Penny.*

Ein junges Paar kommt vom Einkaufen. Sie geht schnellen Schrittes voran. Ein gutes Stück dahinter ihr cooler Typ, mit Rucksack und Einkaufstüten bepackt. Er jammert vor sich hin:

„Oh Mann, jetzt geh ich sogar schon mit Rucksack zum Einkaufen, mit RUCKSACK. Wenn mir das jemand vor drei, vier Jahren gesagt hätte… mit RUCKSACK!"

das ei des napoleon?

— *Usedom. In der Bahn an der Haltestelle Kölpinsee.*

Vier Jungs (ca. 14) unterhalten sich.

#1: „Was liegt näher an Deutschland? Polen oder Tschechien?"
#2: „Polen natürlich!"
#1: „Ey, wärst du Napoleon gewesen, du hättest nie Amerika entdeckt!"

DIE DUMMEN –
„WÄRST DU NAPOLEON, DU HÄTTEST NIE AMERIKA ENTDECKT!"

Wenn wir Deutschen lachen, lachen wir meist über die Dummheit unserer Nächsten. Zwei Drittel unserer Einsendungen verdanken wir diesem Umstand. Ob in der Schule oder im Kollegenkreis – wer auf der Leitung steht, braucht für den Spott nicht zu sorgen. Und mit Wikipedia in der Tasche lässt sich der Fauxpas des anderen auch gleich zur Belustigung aller entlarven. Doch hin und wieder bleibt einem dabei das Lachen im Halse stecken und man hat das dumpfe Gefühl, dass nicht nur in PISA etwas in Schieflage geraten ist. Doch entscheiden Sie selbst, ob es sich auf dem geistigen Fundament des folgenden Kapitels noch zu bauen lohnt ...

nicht zu verwechseln mit dem alaska-seeluchs

— *Haltern. Wildpark Granat.*

Eine Familie ist am Luchsgehege angekommen und bestaunt die Tiere.

Kind: „Papa, ist das ein Löwe?"
Vater: „Nee, Löwen leben in Afrika, das ist ein Puma."
Mutter (liest das Gehegeschild): „Nee, das ist ein Lachs!"

joachim sauer: der deutsche brad pitt?

— *Berlin. Am Flughafen Berlin-Brandenburg.*

Um den Probebetrieb am neuen Flughafen Berlin zu testen, werden Komparsen mit Bussen zu den Terminals gefahren. Der Busfahrer informiert die Fahrgäste über Durchsagen:

„So, und der alte Flughafen Schönefeld bleibt natürlich auch erhalten, quasi als Privatflughafen für Angie und Konsorten."

Das Mädchen vor mir in der Reihe (ca. 16) zu ihrer Freundin:

„Warum kriegt Angelina Jolie denn einen eigenen Flughafen???"

Darauf die Freundin:

„Bestimmt wegen der vielen Kinder!"

und alle biber machen werbung für dentagard

— München. Im Zoo.

Mutter und Sohn stehen am Fischottergehege. Der Sohn hält eine Tüte Popcorn in den Händen. Beide beobachten den Fischotter.

Sohn: „Mama, darf ich ein Popcorn hineinwerfen?"
Mutter: „Nein, mein Schatz. Das sind Nagetiere, die brauchen Holz!"

E10 vs. IQ 10

— Kassel. In einer Kneipe.

Ein paar Leute Anfang 20 sitzen am Nachbartisch und unterhalten sich über die Gefahren des neuen E10-Kraftstoffes für den Verbrauch und den Motor ihres Autos.

Sie: „Was bedeutet eigentlich E10?"
Er: „E steht für Ethanol. Die mischen jetzt bis zu 10% davon in den Sprit."
Sie: „Ethanol ist doch Alkohol, oder?"
Er: „Ja, schon."
Sie (besorgt): „Alkohol ist doch brennbar! Ist das nicht gefährlich, wenn die das jetzt in den Sprit mischen?"

die panne

— Im Regionalexpress von Dresden nach Leipzig.

Zwei junge Männer unterhalten sich in einer Lautstärke, die den gesamten Großraumwagen aufhorchen lässt.

#1: „Im Deutschunterricht lesen wir gerade Dürrenmatt."
#2: „Physiker?"
#1: „Nein, Schriftsteller."

doof sein kann ganz schön doof sein

— Augsburg. In einer Schule.

Während der Hausaufgabenbetreuung.

Die Betreuerin (zu einem Schüler, der schon mehrfach gestört hat): „Jetzt hör doch mal bitte endlich mit dem doofen Getue auf!"
Schüler: „Ich bin nicht doof! Sie können mich doch nicht doof nennen!"
Betreuerin: „Okay, hmm, also: Du legst gerade ein taktisch sehr unkluges Verhalten an den Tag. Besser?"
Schüler: „Hä? Check ich nicht."
Betreuerin: „Siehste!"

um 100 jahre und 100 % talent vertan

— *Wildeshausen. In einer Hauptschule.*

Sitze mit Kommilitonen während eines Praktikums in einer 9. Klasse. Im Geschichtsunterricht wird gerade das Thema „Nürnberger Prozesse" behandelt.

Lehrerin: „Eine wichtige Person des Dritten Reiches entging den Nürnberger Prozessen, indem sie sich selbst und ihre ganze Familie mit Gift umbrachte. Weiß jemand, wie die Person hieß?"

Niemand meldet sich.

Lehrerin: „Der Name beginnt mit einem G!"

Niemand meldet sich.

Lehrerin: „Nach dem G kommt ein ö!"

Kurze Stille, bevor ein Schüler vor Freude aufspringt, seinen Finger in die Höhe streckt und sagt:

„Ich weiß es, ich weiß es: Goethe!"

akku leer, birne leer

— *Erbach.*

Am Auto meiner Bekannten wird die leere Batterie ausgewechselt. Sie trägt die alte Batterie ca. 50 Meter von der Garage bis zur Straße, wo ein Schrotthändler zur Abholung wartet. Dort angekommen, sagt sie völlig erschöpft:

„Puh, das Ding ist ganz schön schwer dafür, dass sie leer ist."

… und es geht noch leerer

— *Bruchsal. Im Büro.*

Die Sekretärin hat aus einer handschriftlichen Notiz ihres Chefs ein offensichtlich recht fehlerhaftes Schreiben verfasst und in die Unterschriftenmappe gelegt. Nach dem Durchlesen ruft der Vorgesetzte quer durchs Großraumbüro:

„Frau Rohrer, was soll denn das? Sie haben wohl ein Vakuum im Kopf?"

Die Sekretärin kontert schlagfertig zurück:

„… immer noch besser als gar nichts!"

denken statt gedenken

— *Berlin.*

Zwei Jugendliche sitzen in der U-Bahn, der eine schaut an der Haltestelle „Deutsche Oper" aus dem Fenster.

#1: „Eh, das heißt hier echt ‚Deutsche Opfer', kein Scheiß."
#2: „Alter, du verarschst mich."
#1: „Guck doch, da!"
#2: „Hast recht. ‚Deutsche Opfer' – wie peinlich."

vorname professor?

— *München. In einem Krankenhaus.*

Diensthabender Arzt zu einer Patientin: „Dann bräuchte ich noch den Namen ihres niedergelassenen Arztes?"
Patientin: „Ähm, ui, ich glaube er heißt Doktor Med."

wake me up before you go bad?

— *München-Großhadern. Im Aldi.*

Ein Pärchen am Dosenobst-Regal. Sie liest das Verfallsdatum einer Dose Pfirsiche vor.

Sie: „2.10.2017 um 6.18 Uhr?!"
Er: „Hol a andre, so früh steh ma net auf!"

da wundert einen auch die finanzkrise nicht mehr

— *Lüneburg. In einer Filiale der Sparkasse.*

Ich habe einen Beratungstermin. Mein Berater stellt erst mal ein paar allgemeine Fragen.

Er: „Haben Sie Kinder?"
Ich: „Nein."
Er: „Ja, mit 20, das hätte mich auch gewundert…"

Er überlegt kurz.

Er: „…und Enkel?"

die eigene denkgeschwindigkeit überholt

— *Bückeburg. In der Raucherecke einer Blindow-Schule.*

Ein Auszubildender zum Technischen Assistenten steht mit seinen Freunden in der Raucherecke und prahlt mit seiner ADAC-Mitgliedschaft.

Azubi: „Jeden ersten Donnerstag im Monat bekomme ich 6 Cent Rabatt auf jeden Liter Diesel bei Shell."
Kumpel: „Und das lohnt sich? Wie fährt sich denn dein Auto damit?"
Typ: „Das lohnt sich auf jeden Fall! Ich merke das allein schon bei der Geschwindigkeit! Wenn ich 50 km/h fahre, ist der Wagen noch mal 5 bis 6 km/h schneller!"

zwei bild und doch nur eine meinung

— *Werne an der Lippe. Im Rewe-Center Symalla.*

Im Foyer werden Gratiszeitungen verteilt. Ein älteres Ehepaar (ca. 75 bis 80) steigt zu uns in den Aufzug Richtung Parkdeck. Sie hat einen *Westfälischen Anzeiger* in der Hand, er zwei gleiche Exemplare der *BILD*. Es ergibt sich folgendes Gespräch:

Er: „Höhö. Das Mädel da hat sich vertan. Die hat mir zwei *BILD* gegeben."
Sie: „Und musstest nix bezahlen, höhöhö."

(Pause)

Sie: „Dann kannste ja auf dem Rückweg gleich eine den Krügers geben."
Er: „Nö nö, die les ich erstmal beide selbst!"
Sie: „... haste auch wieder recht."

der vatikan braucht unbedingt 'nen neuen pr-strategen

— *In der Regionalbahn zwischen Friedrichshafen und Radolfzell.*

Vor mir sitzen vier Jugendliche, trinken Bier und unterhalten sich lautstark. Plötzlich erblickt der eine das goldene Kreuz, das seinem Gegenüber als Kette um den Hals hängt:

„Alda, bist du Moslem geworden?"

gegen den strom denken

— *München. In einer Autowerkstatt.*

Eine Frau (Mitte 40) diskutiert mit dem Chefmechaniker. Offenbar hat sie mehrmals beim Aussteigen aus ihrem Auto einen Stromschlag erhalten. Nun wurde dem Auto auf ihren Wunsch hin ein Erdungskabel hinzugefügt, das deutlich zu sehen ist.

Frau: „Nein, Herr Eierschrat, so kann ich doch nicht rumfahren! Wie sieht denn das aus?!"
Mechaniker: „Ja, das tut mir leid, aber das muss so sein, sonst kann der Strom ja nicht in die Erde abgeleitet werden."
Frau: „Nein, also nein! Und dann auch noch als Frau! Was sollen denn da die Leute denken? Da spricht mich ja jeder drauf an mit dem Kabel im Schnodder!"

Sie überlegt kurz.

Frau: „Und wenn man das oben festklebt, dann sieht's ja keiner... Können Sie das festkleben?"
Mechaniker: „Nein, tut mir leid, das Kabel muss am Boden schleifen, sonst erfüllt es seinen Zweck nicht."
Frau (überlegt noch mal): „Und wenn ich's einfach in den Kofferraum lege...?"

schreibt ihn nicht ab

— *Greifswald. In einer Kantine.*

#1: „Na der von und zu Guttenberg hat sich ja mit seiner Doktorarbeit auch 'nen Ei gelegt, wa?"
#2: „Wieso denn?"
#3: „Na Mann, der hat doch PLAGIAT gemacht, das haben se rausbekommen und nu steht er doof da!"

Aus der anderen Ecke mischt sich ein Zuhörer ein und bemerkt schlau:

„Quatsch, das war 'nen anderer, der Guttenberg hat nur ABGESCHRIEBEN!"

hirnschmelze, die 1.

— *Köln. Am Kiosk in der Friesenstraße.*

Montagmorgen, kurz vor neun Uhr. Kurz nach Fukushima und während der arabischen Revolution. Ein Kölner Urgestein unterhält sich mit der Kioskbesitzerin:

„Nää, watt de Jadaffi da in Japan macht, det is doch bekloppt!"

hirnschmelze, die 2.

— *Ladenburg. In einem Gymnasium.*

Im Unterricht kurz nach dem Atomunglück in Japan. Die Klasse will in der Schule Kuchen verkaufen und das eingenommene Geld für Japan spenden. Aber ein Schüler hat das noch nicht verstanden.

Lehrer: „Noch mal für alle: Wir backen nächste Woche Kuchen für Japan!"
Schüler: „Der ist doch vergammelt, bis der da ankommt."

die gerüchte der gerechten

— *Rostock. An der Uni.*

Einführungsveranstaltung Jura. Der Professor erzählt einige einleitende Dinge und befragt dabei auch die Studenten.

Professor: „Was glauben Sie denn, wer Recht und Unrecht bestimmt, Frau Kommilitonin?"

Er wendet sich dabei an ein Mädel in der ersten Reihe. Zwei Reihen dahinter eine Studentin zur anderen:

#1: „Was geht denn? Ist die nicht auch zum ersten Mal hier? Woher weiß der denn schon den Nachnamen?"
#2: „Keine Ahnung, vielleicht hat der was mit ihr?!"
#1: „So 'ne Bitch!"

brainfreeze statt hirnschmelze

— *Stolpen. In einer Schule.*

Nachmittags. Zwei Schüler arbeiten intensiv an einem Englischprojekt.

#1: „... was heißt Eiszeit gleich noch mal auf Englisch?"
#2: „Eiszeit ... Moment mal, das kam doch in ‚Ice Age' vor, den haben wir doch auf Englisch geschaut..."

viki leaks und das informationsleck der anderen art

— *Castrop-Rauxel. In einem dm-Markt.*

Zwei Mädels unterhalten sich an der Kasse.

#1: „Hast du schon von Wikileaks gehört?"
#2: „Dat is' doch die Tusse von diesem Vergewaltiger aus Schweden oder?"

die handbremse im kopf

— *Augsburg. Im Bus.*

Morgens auf dem Weg in die Schule.

Schüler: „Ein-Liter-Auto! So 'ne dumme Idee. Da muss ich ja alle paar Kilometer nachtanken!"

erste ermittlungserfolge sind zu verzeichnen

— Bamberg. Auf dem Polizeirevier.

Ein Mädchen mit sieben Piercings im Gesicht sitzt bei der Polizei.

Polizistin: „Haben Sie Piercings?"
Mädchen (über diese vollkommen sinnlose Frage verwundert und deswegen ironisch antwortend): „Nein?!"
Polizistin (triumphierend): „Natürlich, ich sehe sie doch in Ihrem Gesicht!"

kondome schützen leider nicht

— Würzburg. In der Straßenbahn.

Die Straßenbahn hält an einer Haltestelle. Dort hängt ein Plakat der BZGA zum Thema Aids. Ein Mann ist darauf zu sehen, darunter die Worte „Ich habe HIV."

#1: „Ey Alter guck ma. Was soll'n des für Werbung sein? Ich habe Hartz IV?!"
#2: „Ey keine Ahnung. So ein Scheiß, macht gar keinen Sinn Alter."

die bahn … schwebt

— *Köln. In der KVB-Linie 1.*

Zwei ca. 15-Jährige steigen in die Bahn. Einer hält eine Getränkedose und einen Burger in den Händen.

#1: „Boah Alter, wie geil wäre das denn, wenn es in der Bahn schwerelos wär! Dann kannste deine Fanta hoch schmeißen und in der Zeit deinen Burger essen!"
#2: „Ey, das gibt's doch schon … in Japan oder so."
Ein mithörender Fahrgast erklärt: „Nee Jungs, die is' in Wuppertal."
#1 *(zu seinem Kollegen):* „Wo is' denn Wuppertal?"
#2 *(ratlos):* „Ich glaub in der Nähe von Japan."

all-inclusive in der weimanikanischen republik?

— *Warendorf. Im Gymnasium Laurentianum.*

Eine Schülergruppe unterhält sich in der Cafeteria.

#1: „Und … was macht ihr gerade in Geschichte?"
#2 *(gelangweilt):* „Weimarer Republik."
Angestellte hinter dem Tresen (ganz aufgeregt): „Da war ich letztes Jahr im Urlaub! Ich sage euch, die haben schöne Strände dort!"

welches wahlprogramm hat der denn gelesen?

— *Regensburg. In der Pizzeria Al Gabbiano.*

Vier Leute am Nachbartisch (Mitte 30) lästern über den Wahlsieg der Grünen in Baden-Württemberg.

#1: „Die Künast ist gar keine Vegetarierin. Die isst Fleisch!"
#2: „Wirklich? Ist die denn wenigstens lesbisch?"
#1: „Nee, die ist auch nicht lesbisch."
#2: „Da kann man mal sehen, wie sehr die einen verarschen!"

vitamin w

— *Ludwigslust.*

Eine alleinerziehende Mutter mit ihrem kleinen Sohn (ca. sechs) auf einem Gemeindegrillfest.

Sohn: „Mama, ich will die Wurst nicht mehr."

Er ist im Begriff, die Reste seiner Bratwurst wegzuwerfen.

Mutter (bestürzt): „Nein Justin! Das isst du jetzt noch auf! In der Pelle sind doch die ganzen Vitamine!"

in mathe eine...n punkt

— *Darmstadt. In der Straßenbahn.*

Meine Freundin und ich sitzen neben zwei leicht asozial wirkenden Typen (ca. 18 bis 20) in der Bahn.

#1: „Ey und dann hab ich gestern Mathe-LK-Abi geschrieben!"
#2: „Ey cool, wie war's?"
#1: „Ja eigentlich voll gut, aber ziemlich lang, drei Stunden! Von 9 bis 14 Uhr!"

eine sinfonie des intellekts in g-moll

— *Hamburg. In einem Bus Richtung Harburg Bahnhof.*

Ein Paar mittleren Alters brütet neben mir über dem Kreuzworträtsel der *BILD*.

Er: „Tongeschlecht mit vier Buchstaben".

Pause und angestrengte Gesichter bei beiden.

Sie: „Gips."
Er: „Passt!"

mal wieder voll daneben

— *Lüneburg. Auf dem Bahnhofsvorplatz.*

Ich stehe am Bahnhof und warte auf meinen Bus. Gegenüber befindet sich ein Callcenter, davor der Aushang „Mitarbeiter gesucht (m/w)". Zwei junge Typen stehen in der Nähe von mir und unterhalten sich darüber:

#1: „Was heißt denn schon wieder ‚m/w'?"
#2: „Keine Ahnung…‚mal wieder'?"
#1: „Ja, das macht Sinn."

zumindest der sexualkundeunterricht konnte ihr nichts anhaben

— *Bonn. In der Bahn.*

Zwei Mädels unterhalten sich über ihre Beziehung, den Ärger mit Kondomen etc., als die eine von der Pille anfängt.

#1: „Ich muss die Pille ja Gott sei Dank nur noch drei Monate nehmen, das nervt voll und wir sind jetzt eigentlich auch lang genug zusammen."
#2: „Mhm? Wieso musst du denn die Pille nicht mehr nehmen?"
#1: „Wir sind jetzt schon ein halbes Jahr zusammen, und nach sechs Monaten ist man gegen das Sperma immun, weißt du? Aber ich nehm' die noch 'ne Weile, um sicher zu sein, ne?"

unwissenheit – die stärkste waffe im kampf gegen viren

– Duisburg. Zu Hause.

Die ganze Familie erkrankt an einem Sonntag an einem schweren Magen-Darm-Virus. Die Mutter wählt die zentrale ärztliche Notdienstnummer. In Nordrhein-Westfalen landet man dann in einem Duisburger Callcenter.

Notfall-Patientin: „Wir haben uns ein Virus eingefangen!"
Callcenter-Telefonistin: „Moment, ich schaue nach, in welche Praxis Sie fahren können."
Notfall-Patientin: „Aber stecken wir da nicht das ganze Wartezimmer an?"

Die Mitarbeiterin scheint sich nicht sicher, kann aber eine Antwort logisch herleiten.

Telefonistin: „Äh... nein, ich denke nicht... die anderen Patienten wissen ja gar nicht, dass Sie ein Virus haben."

faschingsprinz aus dem morgenland?

– Siegen.

Vater und Sohn spazieren die Siegener Oberstadt entlang. Plötzlich kommen ihnen Sternsinger entgegen.

Sohn: „Oh guck mal Papa, Halloween!"
Vater: „Nee, nicht Halloween. Karneval!"

das erste schleudertrauma hat er schon…

– Hamburg. Im Metro in der Papenreye.

Bei den Waschmaschinen steht ein junger Mann, Typ Student, und studiert verzagt die Bedienungsanleitungen der dort angebotenen Waschmaschinen. Schließlich greift er sich einen Angestellten.

Student: „Entschuldigen Sie bitte, wo steht denn hier, wie rum die Trommel dreht?"
Verkäufer: „Was meinen Sie denn mit ‚wie rum'?"
Student: „Ich will nur wissen, wo man einstellen kann, wie rum die Trommel beim Waschen dreht!"
Verkäufer (macht große Augen): „Ja aber warum denn?!"
Student: „Also ich hab meine Mutter gefragt, wie man wäscht, und sie hat gesagt, Jeans und Pullover immer linksrum."

die reise zum mittelpunkt des PISA-schocks

– London. In der U-Bahn.

Zwei junge deutsche Touristinnen stehen in einer der stickigen, gnadenlos überfüllten Londoner U-Bahnen. Alle schwitzen.

#1: „Warum ist es in den U-Bahnen nur immer so heiß!"
#2: „Na ja, wir sind ja auch näher am Erdkern, oder?"
#1: „Mmh, stimmt…"

gespräch mit beschränkter hoffnung

— *Köln.*

Wir stehen vor unserer Firma im Industriepark und rauchen. Ein junges Mädchen (ca.17) hastet auf uns zu.

Mädchen: „Tschuldigung, wo ist denn die Hausnummer 135, ich hab da ein Vorstellungsgespräch?"
Kollege: „Weiß nicht genau, wie heißt denn die Firma?"

Das Mädchen kramt eine Weile in ihren Unterlagen in der Tasche.

Sie: „GmbH."

fuhr mose wirklich einen russen?

— *München.*

Es ist Abend, im Fernsehen läuft gerade *Indiana Jones – Jäger des verlorenen Schatzes*. Eine Freundin fragt in die Runde:

„Nach was für 'nem ‚Bundes-Lada' suchen denn die? Ich dachte, das wär keine deutsche Automarke?!"

eins … zwei … drei … vorbei!

— *Vechta. Innenstadt, Große Straße.*

Es ist ein Event in der Stadt, die Geschäfte haben am Sonntag geöffnet, Buden stehen bereit und viele Geschäfte bieten Gewinnspiele oder Ähnliches an. Ich stehe in einer Schlange, bei der man ein Glücksrad drehen muss. Vor mir ist ein ca. 13-jähriges Mädchen dran. Es dreht das Rad und dieses bleibt auf einem Gewinnfeld stehen. Der danebenstehende Verkäufer ruft daraufhin in sein Mikrofon:

Verkäufer: „So, jetzt hast du fast gewonnen! Du musst mir nur noch eine Frage beantworten: Nenne mir eine Zahl zwischen eins und drei."
Mädchen (ziemlich überrascht): „Fünf!"
Verkäufer: „Das ist leider nicht richtig, tut mir leid … Soo, der Nächste bitte!"

Das Mädchen geht völlig verdutzt weg.

modem-wochen bei mcdonald's?

— *Landgraaf (Niederlande). Vor einem McDonald's.*

Gut gelaunter Papa fährt mit seinen Kindern in den McDrive, bestellt zwei Happy-Meals, liest die Info-Texte und sagt dann noch schnell:

„… und bitte zwei von den gratis Wi-Fis dazu, für die Kinder."

sparringspartner mit bums

— *Berlin. Museum „The Story of Berlin".*

Wir stehen in dem Raum, in dem die riesige Atombombe hängt, und wollen uns bilden (es geht um den Kalten Krieg), als zwei Mädchen (ca. 15) ebenfalls den Raum betreten.

Mädchen #1 total ernst zu Mädchen #2: „Also ich würd mir ja nie einen so fetten Boxsack in mein Zimmer hängen."
Mädchen #2 (fängt an zu lachen): „Was meinst du?"

Mädchen #1 zeigt auf die von der Decke hängende Atombombe.

flaute auf dem oberdeck

— *Im Mittelmeer. An Bord eines Clubschiffes.*

Während einer Kreuzfahrt im westlichen Mittelmeer. Vor dem Ablegen höre ich, wie zwei Frauen, nachdem sie die Route studiert haben, irritiert einen Steward ansprechen:

„Wo liegt eigentlich ‚Seetag' (*in einer völlig falschen Aussprache, etwas wie ‚Siehtähk'*) und warum sind wir da gleich zweimal?"

kein sendungsbewusstsein

— *München. Postfiliale am Ostbahnhof.*

Ein Kunde steht am Schalter der Postbank. Er möchte Unterlagen an seine Münchner Adresse geschickt bekommen, ist aber offenbar nur wenige Tage pro Monat in der Stadt.

Kunde: „Ja und was passiert denn dann, wenn mein Briefkasten voll ist und der Postbote merkt, dass er nicht geleert wird?"
Postbankfrau: „Nun, dann schreiben wir Sie an und fordern Sie auf, Ihren Briefkasten zu leeren."

quod erat demonstrandumm

— *Siegen. Vor der City-Galerie.*

Zwei Mädchen (ca. 18) laufen vor mir. Beide sprechen einen Satz gleichzeitig aus.

Daraufhin #1: „Ja ja, zwei Dumme, ein Gedanke."

(Pause)

#2 (verwundert): „Dann bin ich aber der Gedanke."

kaffee, milch und blindenstock

— *Kassel. In einem Krankenhaus.*

Krankenschwester (zu einer Krankenpflegeschülerin):
„Der Patient im Zimmer 202 möchte einen Kaffee."
Schülerin: „Schwarz oder weiß?"
Schwester: „Das ist egal, der ist blind."

um jeden penny im penny: wenn schwaben feilschen

— *In einem Penny-Markt in der Nähe von Stuttgart.*

Der Kunde vor mir kauft etwas für 2,59 € und legt der Verkäuferin 5,60 € hin, sodass sie weniger Kleingeld rausgeben muss. Die Verkäuferin nimmt das Geld, legt es in die Kasse, gibt ihm einen Cent zurück und wünscht einen schönen Tag.

Kunde: „Ähm, Entschuldigung, Sie müssen mir noch 3 Euro zurückgeben. Ich hab' Ihnen einen 5-Euro-Schein gegeben."
Sie: „Ich hab' ganz sicher nicht einen Schein in meine Kasse getan, das wüsste ich aber!"
Kunde: „Ich hab' das Ganze aber nicht nur mit Kleingeld gezahlt!"
Sie: „Gut, also ich will mich nicht streiten, dann geb' ich dir jetzt 2 Euro raus, dann hab' ich Verlust dabei gemacht und du auch."

seitenscheitel: das no-go auf jeder faschingsparty

— *Lemgo. Im Klinikum.*

Vor dem Zubettgehen sitzt ein älterer Herr im Badezimmer vor dem Spiegel. Die Pflegerin ist ihm beim Kämmen behilflich (der Mann hat eindeutig einen natürlichen Seitenscheitel).

Mann: „Sie wollen mich wohl mit der Frisur zu Germany's next Hitler machen, was?!"

DIE ALTEN –
„SIE WOLLEN MICH WOHL ZU GERMANY'S NEXT HITLER MACHEN WAS?"

Sie sind viele und sie werden immer mehr. Menschen über 50 werden in einigen Jahren die Mehrheit unserer Gesellschaft stellen und die Werbebranche hat die „Silver Surfer" schon lange als Zielgruppe entdeckt. Während man Kindergeschrei auf Deutschlands Straßen und Plätzen immer weniger antrifft, prägen sie, die Wirtschaftswunderkinder von damals und Wohlstandsbäuchler von heute, das Stadtbild und natürlich wird allerorten Notiz von ihren Äußerungen genommen. Aus den Tausenden von Belauschnissen, die wir in den letzten Jahren erhalten haben, wird ersichtlich: Den Alten fällt der Umgang mit den Onlinern, den Checkern, den Facebookern und den Smartphonern unserer Gesellschaft nicht immer leicht. Nichts ist mehr so, wie es mal war, und das kann Frust hervorrufen. Aber nicht nur das: Das nächste Kapitel zeugt vor allem von einer unglaublichen Hartnäckigkeit beim Versuch, am Puls der Zeit zu bleiben, ob mit oder ohne Herzschrittmacher. Viel Spaß mit den grauen Panthern im Zoo der Bundesrepublik.

akademische leibesübungen

— Karlsruhe. In einem Büro des Klinikums Karlsruhe.

Meine Bürokollegin (Mitte 50) kommt morgens zur Arbeit und sieht gerädert aus. Auf meine Nachfrage, wie die Nacht war, packt sie aus.

Kollegin: „Ich konnte gestern Abend mal wieder so schlecht einschlafen, weil die Studenten über mir wieder so laut waren."
Ich: „Haben sie wieder mal 'ne Party gefeiert?"
Kollegin: „Nein, ich glaube, die haben sich so ein kleines Trampolin gekauft. Immer abends, oft so gegen 22 oder 23 Uhr, fängt es an, über mir so ganz rhythmisch zu bumsen... Ich glaube, die hüpfen da auf 'nem Trampolin, die sehen auch schon so sportlich aus..."

verbaler gegenschlag

— Mönchengladbach. Im Café Heinemann.

Am Nachbartisch unterhält sich eine sehr resolut wirkende ältere Dame (ca. 80) mit einer jungen Frau (20 bis 30), vermutlich ihre Enkelin. Es geht um nervtötende Schülerhorden, die nach Schulschluss den Bus stürmen, mit dem auch die ältere Dame nach dem Einkauf wieder nach Hause fährt.

Die Dame: „Und weißt du: Wenn die dann frech werden, dann muss man sich wehren und deren Sprache sprechen. Neulich sag ich zu einem: ‚Verzieh dich, du Mongo.'"

für das richtige tempo auf dem datenhighway

— *Offenburg.*

Ein älteres Ehepaar erzählt mir von einem Spaziergang mit ihrem Sohn.

Sie: „Wir waren im Park spazieren, und Dieter ist mit seinen Insidern nebenhergefahren."
Er: „Nicht Insider, Onliner heißen die."

wenn omis dissen

— *Bremen. In der S-Bahn.*

Neben mir sitzt eine ältere Dame. Ihr gegenüber zwei Jungs (ca. 16) im Gangsta-Look. Diese beiden zeigen auf mich, tuscheln und lachen hin und wieder. Mir ist das egal, die Dame neben mir fühlt sich aber gestört.

Sie: „Wisst ihr beiden, jetzt muss ich euch mal was sagen. Die Jungs, die so aussehen wie der da (*zeigt auf mich*), so mit schwarzen Klamotten und langen Haaren, die sind nett, höflich und freundlich…"

(Pause)

„…Aber die Jungs, die sich die Hosen nicht mal richtig hochziehen können, weil sie so schwach sind, die sind vielleicht Arschlöcher!"

hangover – die rentnerversion?

— *Emden. Im Regionalexpress.*

Im Zug sitzt ein ca. 17-jähriges Mädchen mit einem Freund. Sie bekommt eine SMS und liest laut vor:

„Hey Süße, uns geht's super, hauen uns immer. Gruß und Kuss, Julius!"

(Pause)

Sie: „Hmm, keine Ahnung wer Julius ist, keine Ahnung wer ‚wir' ist … und das kommt von meiner Oma!"

jede wahrheit braucht einen mutigen, der sie ausspricht

— *Emmhof (Niederlande). In einem Ferienpark von Center Parcs.*

Ein deutsches Ehepaar (Mitte 60) sitzt im Schwimmbad. Die Frau liest die *BILD*-Zeitung.

Sie: „Du, hier steht: ‚Sex im Alter wird besser!'"

Er schaut sie von oben bis unten an und sagt trocken:

„Nein!"

glück muss mann haben …

— *Berlin. In einem Baumarkt am Backwarenstand.*

Es läuft ein recht lauter Heizlüfter. Die Backwarenverkäuferin und eine Kundin versuchen den scheppernden Heizlüfter zu übertönen. Ein älterer Herr zu einem Gast, der allein am Zehnertisch sitzt:

„Kann ick mir mit ransetzen?"

Nach ca. zwei Minuten sagt der ältere Herr ziemlich trocken und ohne eine Miene zu verziehen:

„Dit zwee Weibas son Lärm machen können!"

Während sich der Gast den verschluckten Kaffee aus dem Hals hustet, holt der alte Herr zum zweiten Schlag aus:

„Neulich iss hier ene Olle üba de Kante anne Tür jefallen und hat sich een Stücke vonne Zunge abjebissen … manche Kerle hamm abba och Glück wa?!"

die straßenbahn des todes

— *Berlin-Pankow.*

Eine Oma mit Enkel an der Hand überquert bei Grün die Straße, während ihre Bahn davonfährt.

Oma: „Lieber zehn Minuten auf die Bahn warten, als tot. Denk an Opa – der konnte auch nicht warten."

für innovationen war die reichsbahn nun wirklich nicht bekannt

— *Heilsbronn. Am Bahnhof.*

Ein alter Mann steht vor mir am DB-Automaten und kommt offensichtlich mit der neuen Touch-Technik nicht so klar. Irgendwann stößt er mit seinem Gehstock gegen den Automaten und schreit ihn an:

„Früher hätte man so was an die Wand gestellt und erschossen!"

da ging ihr wohl ein licht auf

— *Rösrath. In einem OBI-Baumarkt.*

Ein älteres Ehepaar in der Lampenabteilung. Der Mann will eine LED-Lampe mit einer sehr langen Lebensdauer für 30 Euro kaufen.

Frau: „Och Wilhelm, 30 Euro für eine Lampe? So lange leben wir doch gar nicht mehr."

golfstrom aus der badehose?

— *Göhren auf Rügen. Am Strand.*

Neben uns liegt ein älteres Paar im Strandkorb.

Mann: „Ich geh ma pinkeln!"

Er steht auf, geht in die Ostsee und verrichtet dort mäßig unauffällig sein Geschäft. Während er zurückmarschiert, ruft direkt vom „Tatort" ein Mann aus dem Wasser zu seiner Frau:

„Elsbeth! Komm ma rein, das Wasser hier ist gar nicht so kalt!"

manche sachen sollte man sofort erledigen

— *Dresden. In der Semperoper.*

Während der Pause auf der Damentoilette. Eine Frau (ca. Mitte 70) steht, nachdem sie aus der Toilettenkabine kommt, am Waschbecken. Sie dreht den Wasserhahn auf. Mit einem Kopfschütteln dreht sie ihn wieder zu und sagt:

„Ach, so ein Quatsch, Händewaschen kann man sich auch zu Hause!"

Und geht.

der iSnob im iShop

— *Frankfurt am Main. Im Apple Store.*

Ein älterer Herr bezahlt mit seiner Karte. Als er aufgefordert wird zu unterschreiben und ihm ein Stift hingehalten wird, meint er trocken:

„Ich benutze doch nicht den Stift für den Pöbel!"

… und zückt einen Montblanc-Füller.

krieg für den heimischen herd

— *Bad Mergentheim. In einem Lidl.*

Alte Dame: „Wo is' Backofenreiniger?"
Verkäuferin: „Das tut mir leid, so etwas führen wir leider nicht."
Alte Dame: „Früher gab's das aber!"
Verkäuferin: „Es tut mir leid, das haben wir nicht im Sortiment."
Alte Dame: „Und wie mache ich meinen Backofen jetzt sauber?"
Verkäuferin: „Da kann ich Ihnen leider nicht weiterhelfen."
Alte Dame (im Weggehen): „Und dafür fahre ich extra her – das bedeutet Krieg!"

die jungen jahre sind vorbei

— *Bonn. NRW-Tag, Wiese vor der Oper.*

Zwei ältere Damen neben der Bühne.

#1: „Guck mal das Kostüm da, das wär doch was für…"
#2 *(unterbrechend):* „Ja?"
#1: „Schade, dass wir…"
#2 *(unterbrechend):* „Ja!"

Und gehen weiter.

generationen-seitensprung

— *München. Krankenhaus Nymphenburg.*

Die ca. 20-jährige Schwesternschülerin versorgt eine 93-jährige Patientin. Während der ganzen Prozedur schaut die ältere Dame grantig vor sich hin.

Dame: „Darf ich Ihnen eine persönliche Frage stellen?"
Schülerin: „Natürlich, ich muss sie ja nicht beantworten, wenn sie mir zu persönlich ist."
Dame: „Gehen Sie mit meinem Mann fremd?"
Schülerin: „Na, der einzige Mann aus Ihrer Familie, mit dem ich fremdgehen würde, ist Ihr jüngster Enkel!"

einmal oma, immer oma

— *Uffenheim. In einer Konditorei am Spitalplatz.*

Eine ältere Frau hat gerade einige Tortenstücke ausgesucht und hat ein weiteres Anliegen.

Ältere Dame: „Ach, ich muss doch noch irgendetwas zum Naschen für meine Enkel kaufen. Jedes Mal, wenn ich vom Einkaufen nach Hause komme, fragen sie: ‚Oma, hast du uns was mitgebracht?'"
Verkäuferin: „Wie alt sind die Enkel denn?"
Ältere Dame: „Trau ich mich kaum zu sagen ... 20!"

für die einen ist es sms, für die anderen die längste nummer der welt

— *Langenberg.*

Bei den Großeltern zu Hause. Meine Schwester sitzt neben meinem Opa und bekommt eine SMS. Sie holt ihr Handy raus, liest die Nachricht, und fängt an zurückzuschreiben. Mein Opa guckt zu ihr rüber und schaut immer ungläubiger.

Opa: „Also, so eine unglaublich lange Telefonnummer habe ich ja noch nie gesehen!"

kategorie: taubdumm

— *Iserlohn. Beim Hörgeräteakustiker.*

Eine ältere Dame bekommt ein neues Hörgerät. Der Akustiker setzt das Gerät ein, justiert es und fragt:

„Na, stimmt es so, Frau Adler?"

Die Dame lächelt ihn an und sagt:

„Ja, danke!"

Dann dreht sie sich zu ihrer Tochter um und fragt:

„Was hat er gesagt?"

die vampire von mannheim

— *Mannheim. Im Zug.*

Drei ältere Damen im Zug neben mir.

#1: „Wann fahren wir denn zurück aus Mannheim?"
#2: „Ich würde sagen, so um halb neun?"
#3: „Nein! Das ist zu spät. Da sind schon die ganzen Gangster am Bahnhof."
#1: „Was denn für Gangster?"
#3: „Ach diese Leute, die erst abends munter werden. Assis, Ossis und das ganze andere Volk!"

they say hello, and she says goodbye

— *Marl. Im Bus.*

Eine Rentnerin sitzt uns im Bus gegenüber. In ihrer Hand hat sie ein Handy mit extra großen Tasten für ältere Menschen. Plötzlich klingelt das Handy. Die Frau erschreckt sich, drückt dann auf die ROTE Hörertaste und sagt dann zu sich selbst:

„Schon wieder keiner dran! So geht das jetzt schon den ganzen Tag!"

der kampf um die rente hat begonnen ...

— *Landsberg am Lech. Rastplatz Lechwiesen.*

Auf der Autobahn zwischen Zürich und München. Nach einer kurzen Pinkelpause am Rastplatz fahre ich wieder in Richtung Autobahnauffahrt, als plötzlich eine Gruppe von Rentnern und Rentnerinnen (ca. 80) auf der gesamten Breite der Straße im Schneckentempo in Richtung Reisebus spaziert – und dabei jegliche Ausweichmöglichkeit blockiert. Geduldig fahre ich im Schritttempo hinterher, woraufhin eine unbeteiligte Rentnerin (ca. 70), die das Spektakel beobachtet hat, auf mein Auto zuläuft und lautstark ruft:

„Jetzt gib' schon Gas – das entlastet den Staat!"

enkel gerd heißt jetzt geronimo

— *Stendal. Beim Arzt.*

Im Wartezimmer sitzen am frühen Morgen zwei ältere Damen und unterhalten sich angeregt.

#1: „Den Bin Laden haben die ja jetzt auch erschossen, das wurde ja auch mal Zeit, der hat ja genug angestellt, der hat nie gearbeitet, hat sich immer nur versteckt."
#2: „Wie mein Enkel, der geht auch nicht arbeiten."

youporn statt das letzte einhorn

— *Dortmund. Westenhellweg.*

In der Fußgängerzone wird eine Umfrage durchgeführt. Passanten werden befragt, ob und wenn ja, was sie ihren Kindern und Enkelkindern vorlesen. Ein älterer Herr Mitte 60 wird angesprochen.

Umfrager: „Wir machen eine Umfrage für das XY-Institut. Wenn Sie Ihren Enkelkindern etwas vorlesen, was ist es dann?"
Mann: „Wattttt? Vorlesen sachsne? Näää du, aus dem Alter sind se raus. Die poppen ja schon wie verrückt. Da is nix mehr mit Märchen, die drehen ihre eigenen!"

ob opa in den wettkampf einstieg?

— *Bitterfeld-Wolfen. An einem Tiergehege.*

Ein Kind und sein Großvater beobachten einige Pferde.

Kind: „Opa schau mal, das Pferd lässt seinen Piephahn hängen!"
Opa: „Ja, der hat 'nen großen Piephahn."
Kind: „Guck, das andere Pferd lässt auch den Piephahn hängen!"
Opa: „Ja, die schauen jetzt, wer von beiden den längeren hat."

vater, sohn und spiritus mappus?

— *Weingarten. In der Demenzabteilung eines Altersheims.*

Einen Tag vor den Wahlen in Baden-Württemberg wird der Zivi von einer dementen Frau auf das Thema Landtagswahlen angesprochen.

Frau: „Wen würden Sie denn wählen?"
Zivi: „Grün, und wen würden Sie wählen?
Frau: „Na die CDU natürlich!"
Zivi: „Und warum gerade die CDU?"
Frau: „Na sonst komme ich doch nicht in den Himmel!"

opa, schalt den turbo ein!

— Düsseldorf. Burgplatz.

Auf dem Weg vom Rhein in Richtung Burgplatz. Eine ältere Dame stützt einen ebenfalls älteren Herrn, der sich offensichtlich mit dem Gehen schwertut. Beide sind um die 80, sie kommen nur langsam voran.

Er: „Gehen wir dann jetzt eigentlich zu dir oder zu mir?"
Sie: „Zu dir."

Sie wirft ihm einen langen, abschätzigen Blick zu.

Sie: „Aber diesmal muss es schneller gehen, ich muss ja auch bald wieder heim!"

nach oben ohne oma

— Köln. In der U-Bahn Linie 15.

In der Bahn sitzen zwei Frauen nebeneinander, eine Seniorin und eine ca. 20-Jährige. Sie sprechen die ganze Fahrt über nicht miteinander, die ältere Frau guckt aus dem Fenster.

Ältere Frau (ohne zur Jüngeren zu schauen, mit kölschem Akzent): „Hör mal Sabine, wann müssen wir eijentlisch ausschteigen?"
Jüngere Frau (verwirrt): „Ich heiße gar nicht Sabine."
Ältere Frau: „Oh, dann is' meine Tochter schon ausjestiegen!"

früher war alles ... dreckiger

— *Stuttgart.*

In einem Straßencafé sitzen drei ältere Damen bei Kaffee und Kuchen. Eine von ihnen hat ihre ca. sechsjährige Enkeltochter dabei, die sich bereits zu Tode langweilt und seit geraumer Zeit gehen will.

Enkelin (quengelig): „Omaaa!!! Spielen wir nachher wieder ‚Germany's next Topmodel'?"
Oma: „Ach nein, heute spielen wir mal was anderes!"

Die anderen alten Damen haben Fragezeichen in den Augen.

Alte Dame: „Was spielt ihr?"
Oma: „Ja, das ist so eine Sendung im Fernsehen, da werden Fotomodelle ausgesucht. Die Anna spielt das immer nach."
Enkelin (stolz): „Ich geh' dann immer so wie die Models."
Alte Dame: „Ach du liebe Güte! Wir haben als Kinder noch stundenlang mit 'nem Bollen Dreck gespielt... *(mit Nachdruck)* DAS war aber auch lustig!"

da hat zuckerberg seinen jobs gut gemacht

— *Zweibrücken.*

Die Großeltern sind an einem Sonntag zu Besuch. Es gibt Kaffee und Kuchen. Der Enkel bringt sein iPad an den Tisch und Oma fragt:

„Ach, ist das so ein Facebook?!"

datenhunter statt grauer panther

— *Köln. In der Straßenbahn.*

Zwei ältere Damen unterhalten sich in der Straßenbahn.

#1: „Kennste dat Fääsbooch?"
#2: „Nee, wat is dat?"
#1: „Dat mit dem Internet. Wo et auch en Kinofilm von jibt und alle Fotos drinne haben."
#2: „Aha."
#1: „Mit meinen Enkeln hab isch ja jetzt wieder juten Kontakt seit isch nachm Fääsbooch jejangen bin."

katerstimmung statt liebesrausch

— *München. Auf dem Viktualienmarkt.*

Ein älteres Ehepaar (beide über 70) schlendert händchenhaltend vor mir her. Mein erster Gedanke: Oh wie süß, in dem Alter noch so verliebt! Wunderschön! Ich laufe an ihnen vorbei, lächle die beiden an. Sie schaut ihren Mann an und sagt:

„Weiste, hätt'ste gestern nicht so viel gesoffen, bräucht' ich dich heut auch nicht an die Hand nehmen!"

da haben sie schlechte karten

— *Regensburg. Im Supermarkt.*

Ein älteres Paar berät über eine Beileidskarte.

Sie: „‚Aufrichtige Anteilnahme' oder ‚Herzliches Beileid'?"
Er: „Das können wir beides nicht nehmen, die wissen doch, dass das glatt gelogen ist!"

diese beziehung ist tot

— *Leipzig. Fußgängerzone.*

Zwei ältere Damen laufen an einem Blumenladen vorbei.

#1: „Bald ist Totensonntag, da brauch ich noch etwas für das Grab meines Mannes."
#2: „Ich bekomme zum Totensonntag auch nichts, da bekommt er auch nichts."

sie sieht die gefahr glasklar

— *Bornheim bei Bonn. In einer Bäckerei.*

Eine ältere Dame kauft ein.

Kundin: „Ja, ich hätte gerne ein Eibrötchen."
Verkäuferin: „Gerne, darf's sonst noch etwas sein?"
Kundin: „Ist denn in dem Ei auch sicher kein Dioptrien drin?"

spiel nicht mit den schmuddelschnauzern

– Wien. An einer Fußgängerampel.

Die Ampel ist rot. Neben mir steht ein alter, wohlbetuchter Wiener Herr mit einem angeleinten Beagle. Der Hund zerrt an der Leine und will über die Straße – die Ampel ist immer noch rot. Sagt der feine Herr zu seinem Hund:

„Ah gehhh, Joseph, benimm dich nicht wie ein Arbeiterkind!"

einmal waschen, schneiden, schweigen, bitte

– Überlingen. Beim Frisör.

Frisörin versucht einen älteren Neukunden (ca. 60) in ein Gespräch zu verwickeln.

Frisörin: „Was machen Sie eigentlich beruflich?"
Kunde (empört): „Na, hören Sie mal, ich frage Sie doch auch nicht, was Sie beruflich machen!"

DIE BELAUSCHER

a.e. Achsel Adalbert Adrian Agentin76 Akiko Albert Alessa Alex Alex G. Alexander Alexandra Aline Alissa Aljona Alma Amanda Anchorwoman Andi Andrea Andreas Andreas Andreas E. Andreas H. Aninka Anja Anna Annabell Anne Anne-Kathrin Anni Annica Annie AnnikaAnton Antonia Arik Arno Nym asc auroraborealis13 Axel und Lisa Banane Barbara Beate bee Bekki Bella Benjamin Benjamin K. Benny Bernd Bernhard Bert Betty Bigfut50 Birgit Birte Blaubärchen Blubberjan Botasky Brabbit brechmittel Burckhard Burkhard Carina Carina Carmen Carmen S. Caro carsten k. Cassie Cataya Celina CemeteryKeeper Charlie chrimis Chris Chrissi Christian Christian E. Christina Christine Christoph Christopher Claudia Claudia Maria B. Claus Coernl Constanze Corina cornelia crushedcookie cynthia Dani Daniel Daniela Dark77 David David M. Denise Dennis DerOLF devinside Don F. Doris Dorit Dresdnerin dschonstar E.W. Egon einkleines Ela Eli Ellfriede K. Ellix Elmar Engel Engelchen Eva Eve Fabian Farina fckteufel Fehn Felicitas W. fenna FFM_Pendler Flo Florian Floyd fluppl Foma Frank Franzi Franzii Freddy Fuselx Gabriel Georg Gerald Gero Gerrit Gianluca gina Glenn Grisu HafenBesucher Haggy Hannah hanne hAnNEs hanns Häxchen Heiko Heinz Heinz.Bomm Helmut Hendrik Henner Henni Hess Heti Holger Humel Ich Ich und Du Icke IheartLG imad IngaIngmar Isabel Isabelle H. Itsi Jack O' Jacky Jan Jana jane Janine Janna Jasmin JayP Jeannine Jenny Jess Jessi Jessica Jessy Jimmy Joachim Jochen jodelino Joe Johanna John Jonas JörgJörn Josch Joscha Joschal Josephine josh_tisser Juli Julia Julia E. junisonne Jürgen Jvles Kai Kai U. Kalle Karina Karla S. Kate Katharina Kathrin B.kati k. Katrin Keron-

Kenken Kerstin Kiki Kim Kinomi Kirsten Klimpke Konne
Kristina Krytax Kyrill Lale laubfrosch3 Laura Leif Lennart
Leonie Lina Linda Lisa Liz LoboTobi lotosqueen Louise
Lucy-Ann Lukas luuluu Lux Lydia M.Kerker Machmut Maike Manuel manuela Mara Marburgbesucher Marc Marcus
Maren Marie marie Opiela Marina Marius Mark Marmota Martin Martin D. Martina Matt F. Matthias Max Maxi
MaxSonic mb sauerland Meike Melanie Melli Melomana
Mich Micha Michael Michi Mina Miriam MM molotow Nadine Nane Nele Nick Nickelodeon nicole NiebuhrNightlife
Agent Niko Nikoo Nils nina Nina offenesOhr ohr Oliver
OLLI Pajato acerea Passopp Patrick Patty paul Paul H.
PelzigeNasenWurst Peter PeterShaw Petra Philipp philipp
g. Pia Pick Pimpinella PlasticBertrand rana Ratte Rebecca
Rena Rene René rho rieke rob-by Robert L. Robin Rocco Roland Rolf Rosi Ruprecht Rwplayer S. Sabine Sabine
H. Samuel Sandra Sara Sarah Sasa Sascha schneeröster
Schulte Sebastian Selm Sganarell Shristina Simon Simone
Sina Smilla Sonja Sören Stefan H. Stefanie Steffen Steffi
Stephan Stephanie Student StuttgarterSusanne Suse susy
Sven Tamina Tangerine tanja Tarya tatiana Tay P. Thomas
Thorsten Tim Timo Timotion Tina Tino Todd Tom toni Toni
Tonie tracy Tsoggy Tudl Tummy U-Bahnlauscher Uhltak
Uli Uli E. uschi Uwe Vanessa Vera Victoria vika Volker vw
WhaleMan Wiebke Wieny Wilfried Wilson wir Wolfgang
Xtrada Yasmin Yvonne zara zebra_ Zugvogel Zwockel

WO BELAUSCHT?

Aachen 21, 164, 174, 182
Altenau 95
Altenbeken 199
Amsterdam 24, 124, 146
Andernach 166
Aschaffenburg 71, 167
Augsburg 17, 113, 224, 233

Bad Kreuznach 161
Bad Lauterberg 82
Bad Mergentheim 254
Bad Neuenahr 121
Bad Oldesloe 44
Bad Segeberg 84
Balingen 72
Bamberg 70, 96, 234
Bayreuth 67
Bergisch-Gladbach 169
Bergkamen 108
Berlin 9, 18, 19, 27, 28, 30, 33, 39, 40, 42, 43, 44, 53, 63, 65, 74, 119, 126, 136, 140, 144, 146, 148, 155, 160, 165, 182, 186, 195, 200, 214, 222, 227, 243, 251
Bernau/Felden 131
Bielefeld 47, 188
Bitterfeld 260

Bochum 43, 65, 70, 150, 158, 180
Bonn 57, 121, 148, 154, 191, 209, 211, 238, 255, 264
Bornheim 264
Bottrop 211
Bremen 75, 99, 152, 168, 183, 202, 249
Bremerhaven 180
Bruchsal 226
Brüssel 88, 139
Buchholz 152
Buchloe 66
Bückeburg 228

Castiglione del la Pescaia (Italien) 90
Castrop-Rauxel 233
Celle 106
Chemnitz 34
Cuxhaven 107

Dachau 85
Darmstadt 51, 237
Dippoldiswalde 181
Dorsten 76
Dortmund 94, 198, 201, 259

Dresden 64, 80, 138, 170, 185, 187, 211, 224, 253
Duisburg 54, 55, 107, 125, 239
Düren 45
Düsseldorf 55, 113, 128, 136, 137, 146, 199, 207, 215, 261

Eching 33
Eichstätt 56
Emden 250
Emmhof (Niederlande) 250
Erbach 226
Erding 164
Erlangen 62, 86, 87, 204
Eschringen 21
Essen 35, 71, 96, 99, 147

Frankfurt 24, 25, 32, 77, 115, 120, 129, 133, 145, 254
Freiburg 15, 52, 81, 104, 118, 142
Freisen 68
Freital 56
Friedrichshafen 229
Gelnhausen 190
Gelsenkirchen 153
Gießen 88, 165
Gifhorn 36, 93

Goch 30
Göhren 253
Göttingen 48, 141, 218
Greifswald 194, 231
Gütersloh 14, 114

Haddeby 112
Hage 64
Halle 72, 171
Haltern 133, 222
Hamburg 14, 16, 28, 29, 46, 60, 102, 123, 138, 145, 152, 163, 193, 204, 206, 217, 237, 240
Hameln 45
Hamm 61, 169
Hanau 114
Hannover 28, 57, 59, 61, 67, 75, 89, 113, 141, 166, 172, 205
Heidelberg 139, 188
Heidenheim 116
Heilbronn 95
Heilsbronn 252
Hemmoor 210
Herne 126
Homburg 73
Hude 175

Ibbenbüren 173
Icking 100
Iserlohn 257
Istanbul 111
Itzehoe 193

Jena 41
Johannesburg 142

Kaltenkirchen 147
Karlsruhe 248
Kassel 30, 38, 40, 122, 223, 245
Kastellaun 178
Kiel 21, 130, 141, 144, 184
Kirchheim 127
Kirchheim unter Teck 137
Koblenz 25
Köln 20, 22, 26, 30, 32, 88, 130, 132, 139, 140, 143, 148, 149, 160, 174, 175, 179, 181, 203, 216, 231, 235, 241, 261, 263
Konstanz 76, 149
Kornwestheim 168
Krefeld 215

Ladenburg 232
Landau a.d. Isar 39
Landgraaf (Niederlande) 242
Landsberg am Lech 104, 258
Landshut 159
Langenberg 256
Leipzig 86, 134, 151, 224, 264
Lemgo 245
Lengerich 12
Leutkirch 93
Leverkusen 97
Lobstädt 176
London 240
Lübeck 20, 141
Lüdenscheid 200
Ludwigshafen 123
Ludwigslust 236
Lüneburg 24, 61, 125, 189, 228, 238

Magdeburg 82
Mainz 23, 31, 50, 53
Mallorca 37
Mannheim 127, 150, 173, 208, 257
Marburg 26, 105, 194, 219
Marienhafen 189
Marl 258
Mettmann 43
Minden 107
Modello (Sizilien) 116
Mönchengladbach 85, 87, 248
München 18, 27, 28, 31, 42, 54, 58, 66, 80, 81, 83, 91, 92, 100, 110, 124, 151, 162, 163, 166, 196, 201, 214, 218, 219, 223, 227, 230, 241, 244, 255, 263
Münster 55, 77, 102, 112, 143, 213

Neuhausen ob Eck 59
Neumünster 98
Neunkirchen/Saar 117
Neuss 185
New York 124
Niendorf 90
Nürnberg 73, 74, 192, 195

Oberhausen 54, 173
Oberhof 77
Oberurff 132
Offenburg 249
Oldenburg 19, 75, 133, 175, 178
Osnabrück 101, 159

Paderborn 20, 118, 198
Paris 143
Plech 171
Plochingen 22
Potsdam 104
Putgarten 110

Rab (Kroatien) 103
Recklinghausen 119, 184
Rees 38
Regensburg 236, 264
Reutlingen 15, 92, 167, 203
Rheda 105
Rösrath 252
Rostock 136, 232
Rüsselsheim 91

Saarbrücken 85, 209
São Paulo (Brasilien) 122
Schauenburg 207
Schloss Burg 37
Schloss Lichtenstein 84
Schopfheim 52
Schrobenhausen 210
Schwandorf 158
Seeheim 34
Siegen 17, 58, 124, 239, 244
Soltau 121
Stade 45
Stendal 259
Stolpen 233
Stuttgart 52, 60, 62, 69, 98, 102, 115, 153, 191, 245, 262
Suhl 94

Tegernsee 29
Trier 59, 63, 202

Überlingen 265
Uffenheim 256
Ulm 36
Unna 35
Usedom 219

Vancouver (Kanada) 16
Vechta 242
Venedig 151
Verden 161
Viernheim 158

Wanne-Eickel 195
Warendorf 235
Weingarten 260
Werne 229
Wien 190, 205, 265
Wiesbaden 101
Wildeshausen 225
Winsen 131
Winterthur 208
Wolfratshausen 110

Wolfsburg 68
Wuppertal 35, 117, 183
Würselen 156
Würzburg 60, 89, 111, 162, 234

Zingst 174
Zürich 47, 58, 103
Zweibrücken 262